Table des matières

Introduction 2

Les bases de l'ichimoku kinko hyo 3

Le Tenkant – Sen 4

La Kijun – Sen 5

Le Chikou – Span 6

Le Kumo (nuage) 7

Le Twist 8

Les supports / résistances 10

Les signaux d'achats et de ventes 22

Exemples de trade 24

Le takana 28

Le multi time frame 41

Sécuriser un trade et multiplier les gains 53

Conclusion 60

Introduction

L'ichimoku, - en français, coup d'œil - est devenu en quelques années l'indicateur incontournable des salles de marchés, de nombreux traders professionnels l'utilise avec succès. Quelques articles ou vidéos sur le **système ichimoku** ont pu éveiller votre curiosité et vous donner envie d'aller plus loin ? Ce petit livre sans prétention, a pour but de vous proposer une méthode qui vous permettra d'approfondir votre connaissance en vous guidant pas à pas. C'est ce que nous allons voir maintenant.

Fruit de 20 ans de travaux et de tests, le chef d'œuvre de **Goichi Hosoda** - son créateur - a été conçu pour permettre en un coup d'œil de détecter :

- Les niveaux clés : supports / résistances.
- La tendance de fond : haussière, baissière, range.
- Les signaux d'achat et de vente en fonction des probabilités.
- Les points d'entrée et de sortie de trades.

Vous l'aurez compris, **l'ichimoku** est bien plus qu'un indicateur mais un **système de trading à lui tout seul**. Utiliser l'indicateur **ichimoku** ne s'improvise pas, vous aurez besoin de consacrer quelques minutes de lecture par jour ou à vos moments perdus, afin d'assimiler cette méthode révolutionnaire.

Vous allez comprendre pourquoi de plus en plus de traders ont recours à cette méthode d'analyse, puis vous verrez que ce système n'est pas si compliqué à utiliser. Je vais maintenant vous montrer **des techniques ichimoku** qui fonctionnent.

Tout d'abord, prenez le temps d'analyser vos actions et si besoin, n'hésitez pas à relire les chapitres qui vous intéresse. Je ne vous dis pas que ça sera facile, mais avec un peu de persévérance vous parviendrez à maitriser le **système ichimoku** .

Les bases de l'ichimoku Kinkō Hyō

La première chose que vous devez savoir sur **l'ichimoku** est que cet indicateur ne nécessite aucun réglage, il est prêt à l'emploi, de plus il peut s'adapter à n'importe quel time frame.

Quel que soit votre style de trading, day trader, swing trader ou investisseur dans votre marché préféré, **l'ichimoku Kinkō Hyō** s'adapte automatiquement, vous n'avez rien à faire, juste à le sélectionner dans le menu indicateur de votre plateforme de trading.

Une fois sélectionné, il peut vous paraître un peu compliqué au départ mais vous allez voir qu'il n'en est rien.

Commençons par le Tenkan-Sen

Il représente l'équilibre entre la moyenne du plus haut au plus bas sur les 9 dernières périodes de cotations.
Exemple ci- dessous :

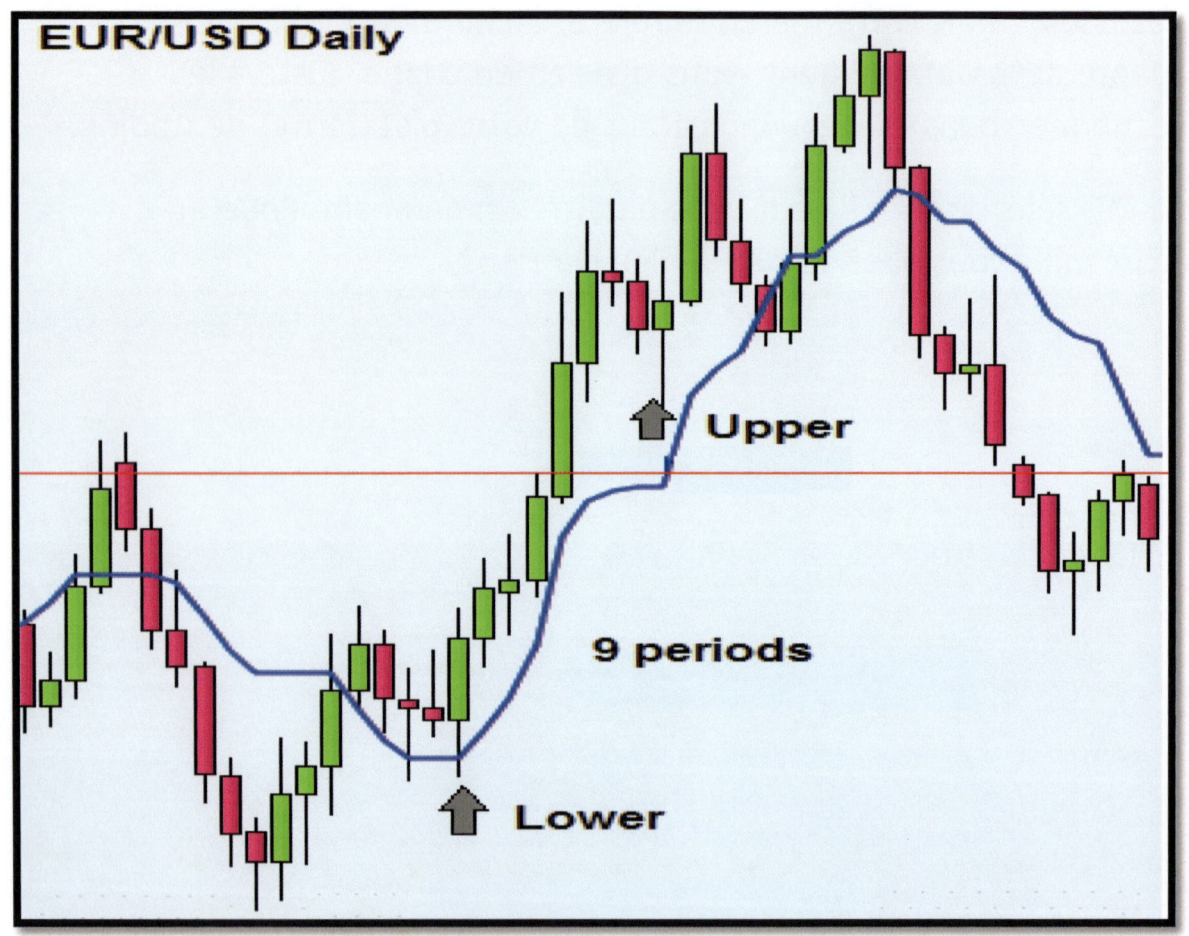

Au-dessus du prix c'est un signal de vente, en dessous c'est un signal d'achat.

Passons à la Kijun-Sen

Elle représente l'équilibre entre la moyenne du plus haut au plus bas sur les 26 dernières périodes de cotations comme montré dans l'exemple ci-dessous :

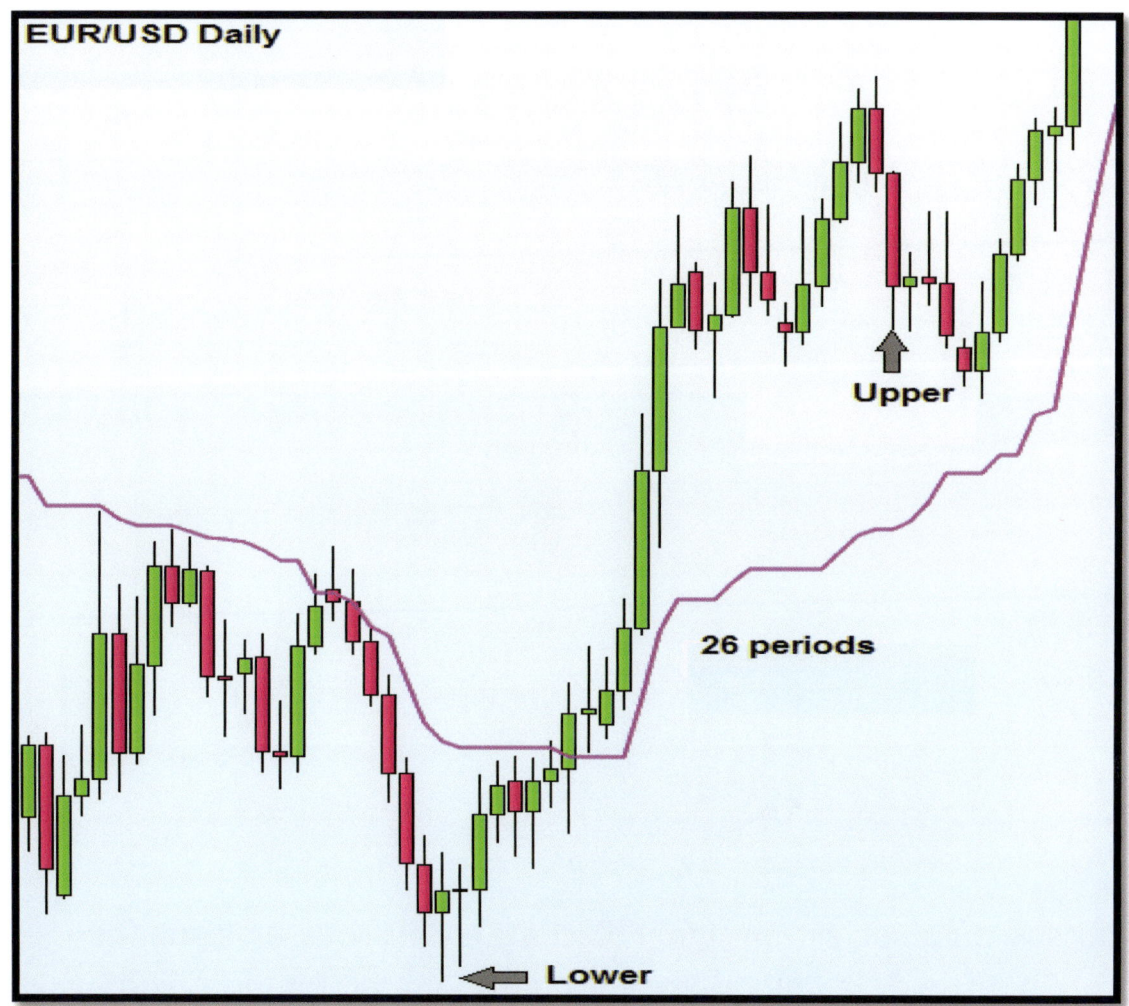

En dessous du prix c'est un signal d'achat, au-dessus c'est un signal de vente.

Le croisement du **Tenkan** et de la **Kijun** renforce le signal d'achat / vente. Dans un système de trading simple, **le croisement du Tenkan / Kijun peut servir de base à des signaux de trading**, mais cela n'est pas suffisant. Les classiques moyennes mobiles le font déjà très bien. Il faut renforcer les signaux et c'est ce que nous allons voir tout de suite.

Le Chikou Span

Il représente le prix de clôture des 26 dernières périodes en arrière comme cet exemple ci-dessous :

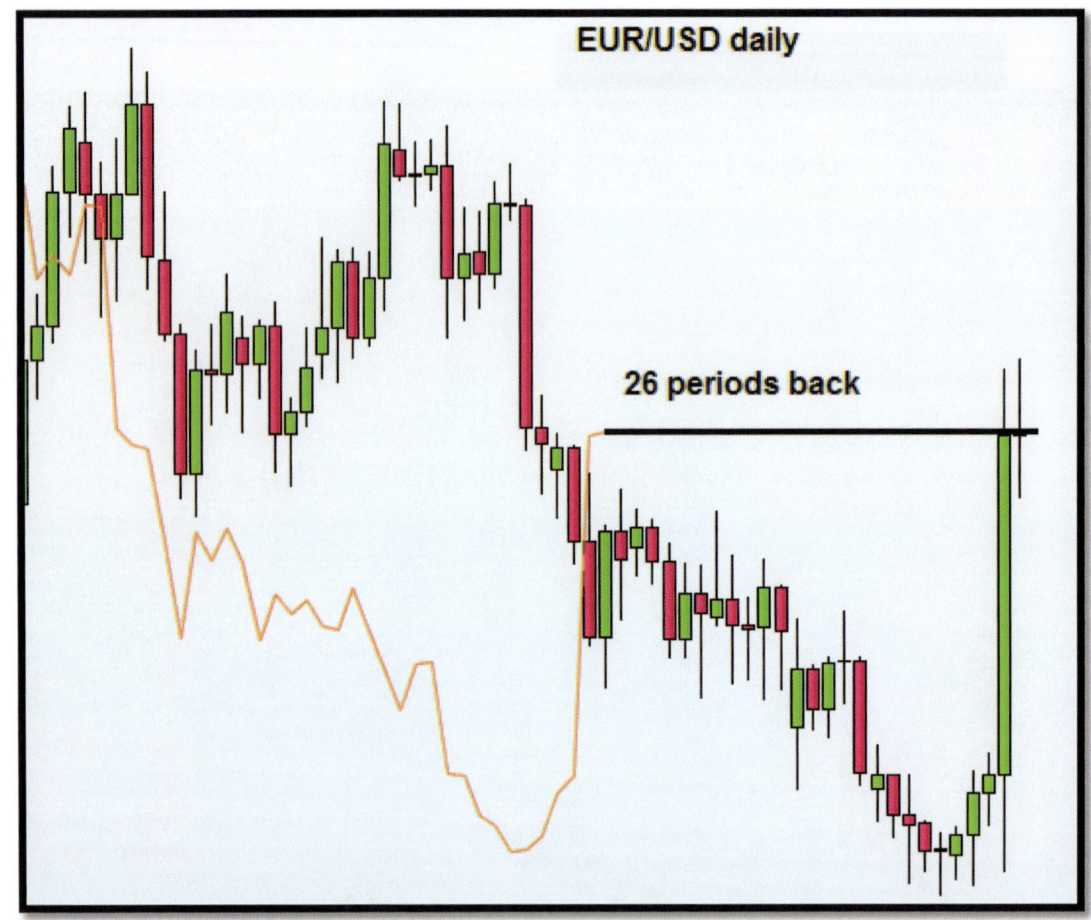

Au-dessus du prix c'est un signal d'achat, en dessous un signal de vente. En résumé, le **Chikou Span** ira dans la direction du prix mais 26 périodes en arrière. Mais n'allez surtout pas croire que le **Chikou** représente le passé : il représente bien le futur.

Très important :

Le **Chikou** va renforcer le signal d'achat sur le croisement du **Tenkan** et de la **Kijun** à condition **qu'il soit au-dessus du prix et du nuage**. Ou l'inverse si vous voulez prendre une position baissière. En quelque sorte, **il vous donne le feu vert** pour prendre position.

Passons au Kumo (nuage)

Le Kumo est la partie la plus noble de l'indicateur puisqu'il est représenté par un nuage qui est la surface formée à partir du :

- **Senkou Span A** qui est la moyenne du **Tenkan / Kijun** sur les 26dernières périodes en avant, et le
- **Senkou Span B** qui est la moyenne du plus haut au plus bas sur les 52 dernières périodes.

Que le **Senkou A** soit supérieur au **Senkou B** peut être vu comme une divergence d'équilibre. Plus le nuage sera épais, plus il formera une résistance importante à la progression du prix et vice-versa.

Et ça donne ceci :

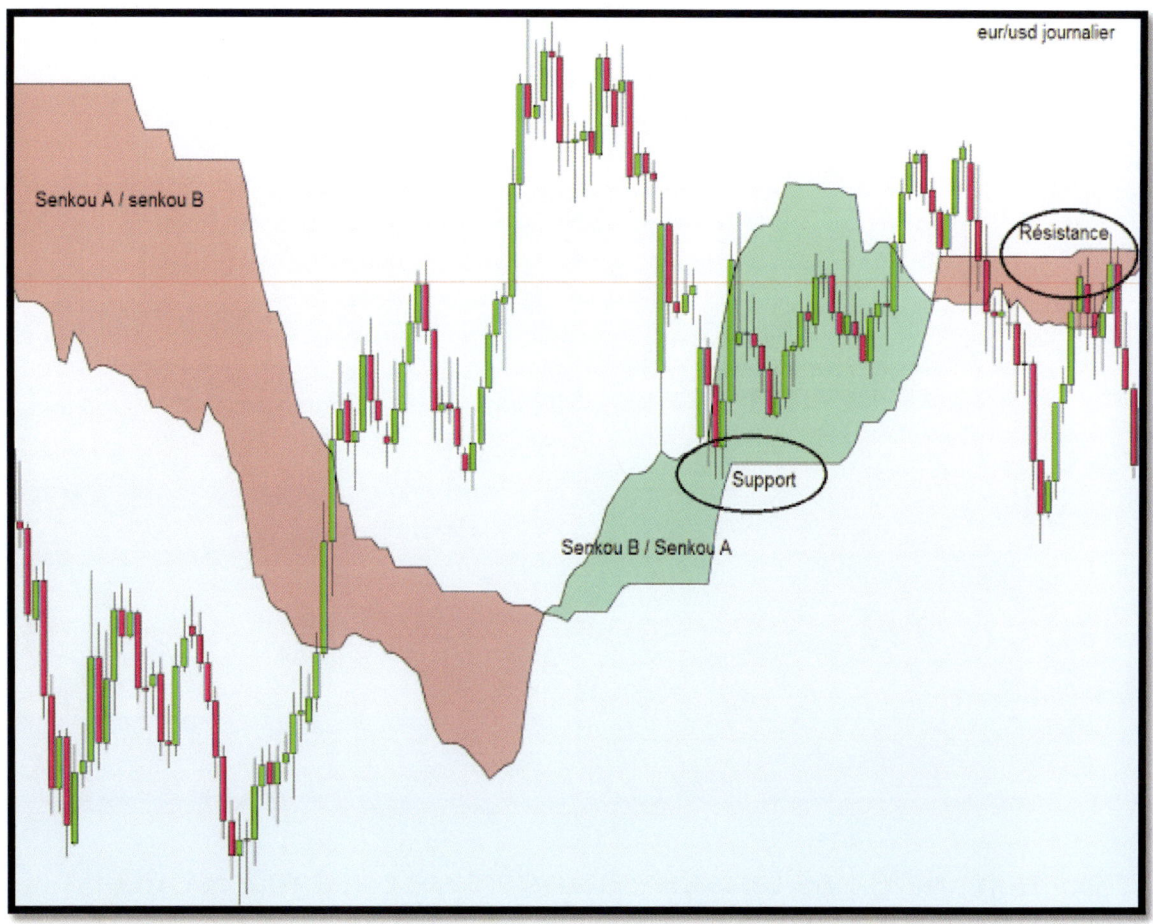

Quand les prix sont au-dessus du nuage la tendance est haussière, quand les prix sont en dessous, la tendance est baissière.

Le Twist

Quand le **Senkou A et le Senkou B se croisent, il se forme un twist,** qui représente un avertissement de changement de tendance voire une possibilité de range.

Le **twist** est comme une alerte : il vous prévient d'un futur retournement de tendance ou d'un range.

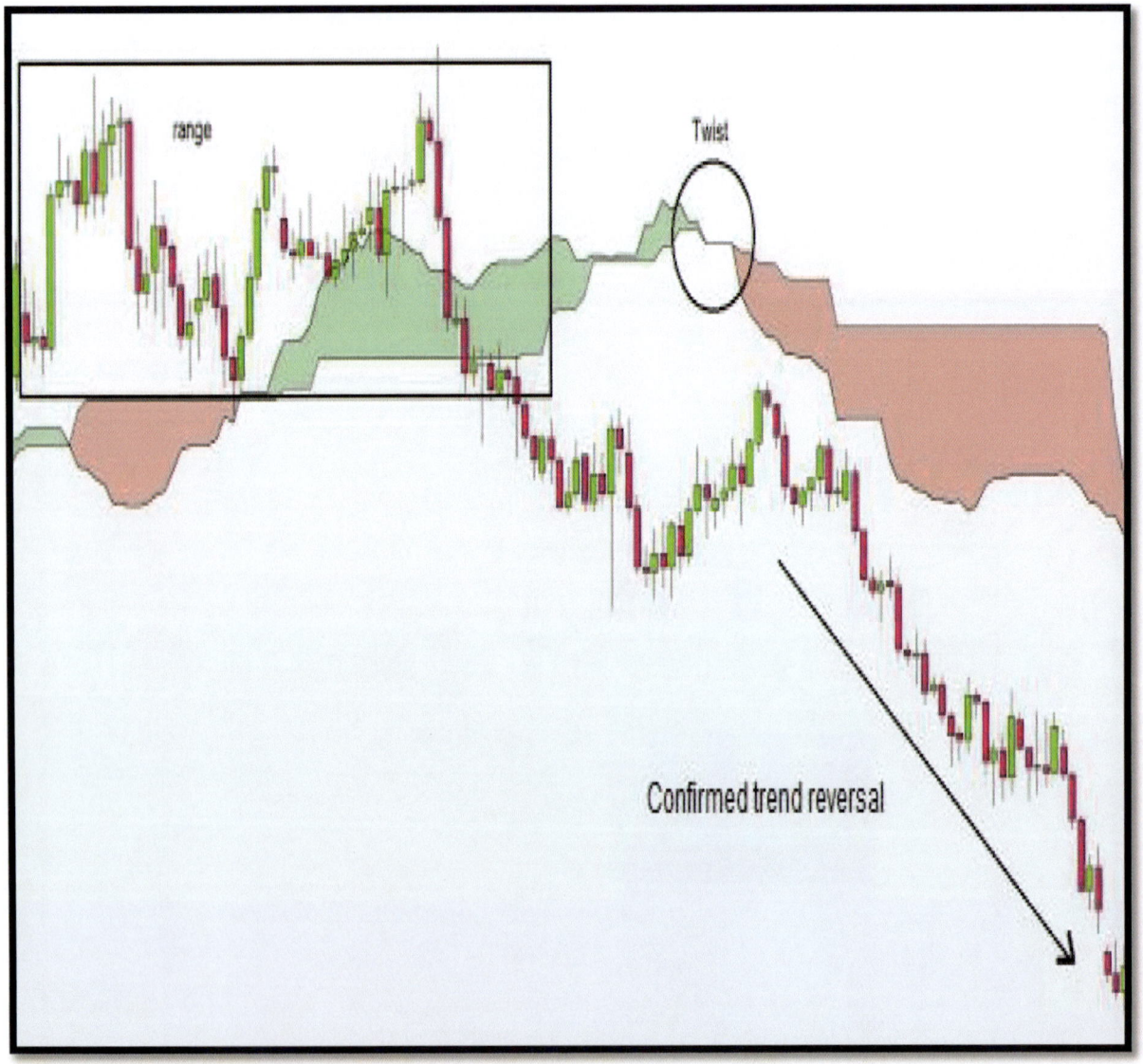

Par exemple, dans une tendance haussière, le **twist** représente un affaiblissement de la tendance qui peut donner par la suite un range ou un retournement de tendance, comme montré dans l'exemple ci-dessous :

Ce qu'il faut retenir :

Comme vous avez pu le voir, **l'ichimoku** est bien plus qu'un indicateur polyvalent. C'est un système de trading à lui tout seul. En un coup d'œil, il vous indique la tendance de fond, les supports / résistances, les signaux d'achats, les retournements de tendances.

Vous pouvez construire votre propre système de trading, sur votre marché et votre time frame favori et cela sans réglages. Maintenant que vous avez les bases, passons au chapitre suivant : comment trouver les supports / résistance

Les supports / résistances

Dans ce chapitre, nous allons voir comment trouver les niveaux clés, appelés supports / résistances, qui sont **les bases de l'analyse technique**. Je vais vous montrer trois exemples pertinents.

Les niveaux clés représentent des paliers psychologiques. C'est à partir de ces paliers que l'on trouve des points d'entrée et de sortie. Dans ce domaine, l'indicateur **ichimoku Kinkō Hyō** est à la pointe et peut parfois être d'une précision bluffante.

Je vais vous montrer comment vous pouvez les trouver facilement en un coup d'œil et cela grâce au nuage.

Comme vous avez pu le voir dans le chapitre précédent, le nuage est formé sur les divergences :

- **du Senkou Span A (SSA), qui est la moyenne de Tenkan-Sen et de Kijun-Sen, projetée sur 26 périodes en avant,**
- **et Senkou Span B (SSB), qui est la moyenne du plus haut et du plus bas des 52 dernières périodes, projetée 26 périodes en avant.**

Les plats du **Senkou A et Senkou B représentent des supports / résistances**, si les prix sont en butée. Cela veut dire qu'il y a une résistance passée comme montré dans l'exemple ci-dessous :

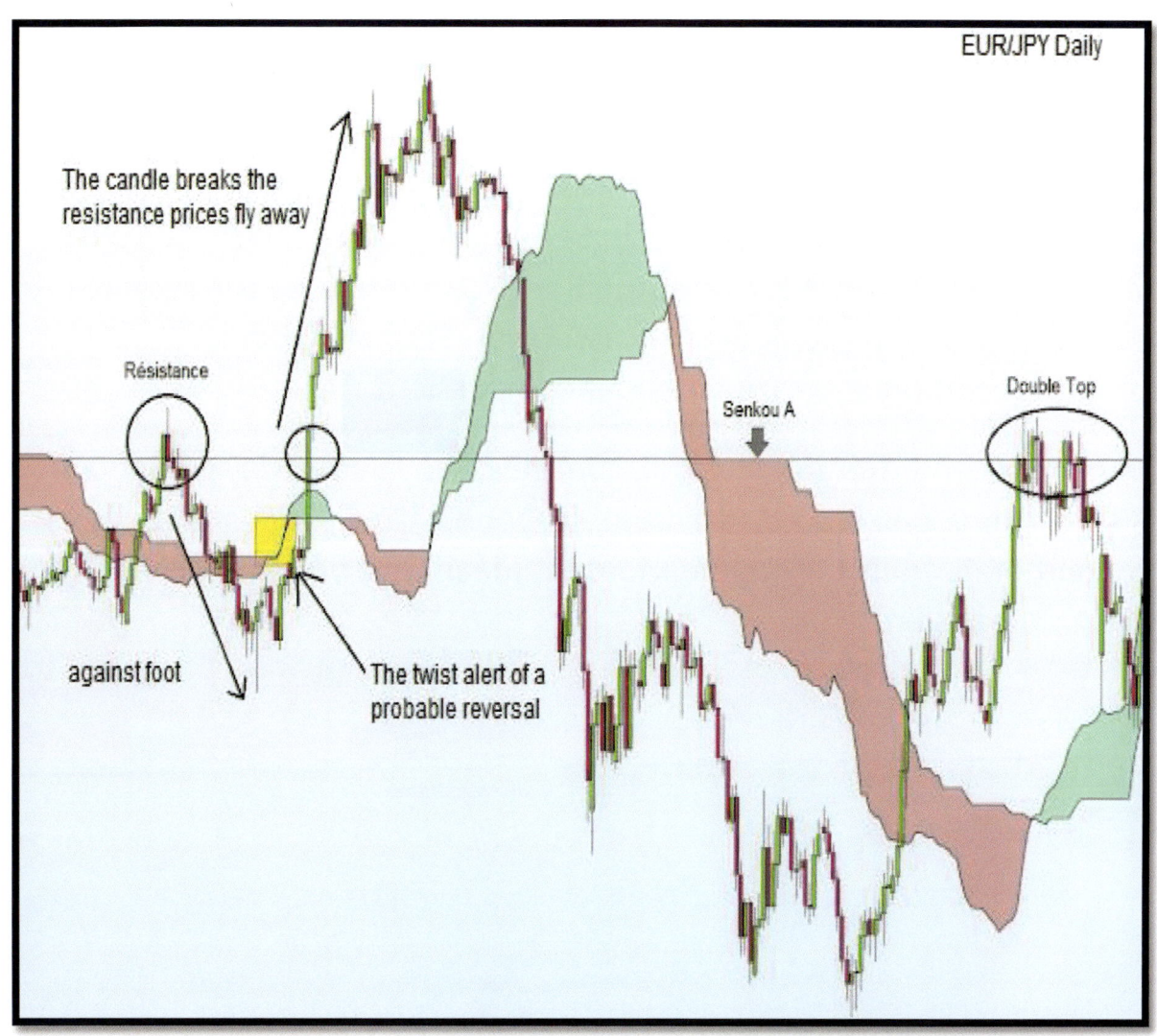

Bien que les prix aient débordé la résistance, ils se sont retournés violemment à la baisse. Le **Senkou A voulait vous mettre en garde sur un palier physiologique non franchi** et de plus, les prix n'étaient pas en tendance.

Conclusion :

La tendance était neutre, **le Senkou A indiquait un palier psychologique**, la stratégie idéale était le contre-pied. Vous remarquerez le **Twist**, en jaune, qui alerte d'un probable retournement, confirmé par la suite.

La tentative de franchissement du **Senkou A** ayant échoué, **le Twist** vous prévenait d'un futur retournement. La stratégie à suivre était donc d'attendre patiemment la cassure du **Senkou A** pour ensuite prendre position et suivre la tendance haussière.

Dans le second exemple, les prix sont revenus toucher la résistance. S'en est suivi **un setup bien connu, le Double Top.** Là c'est clair, le rebond était épuisé, c'était le moment idéal pour prendre une position baissière.

Autre exemple dans une tendance haussière :

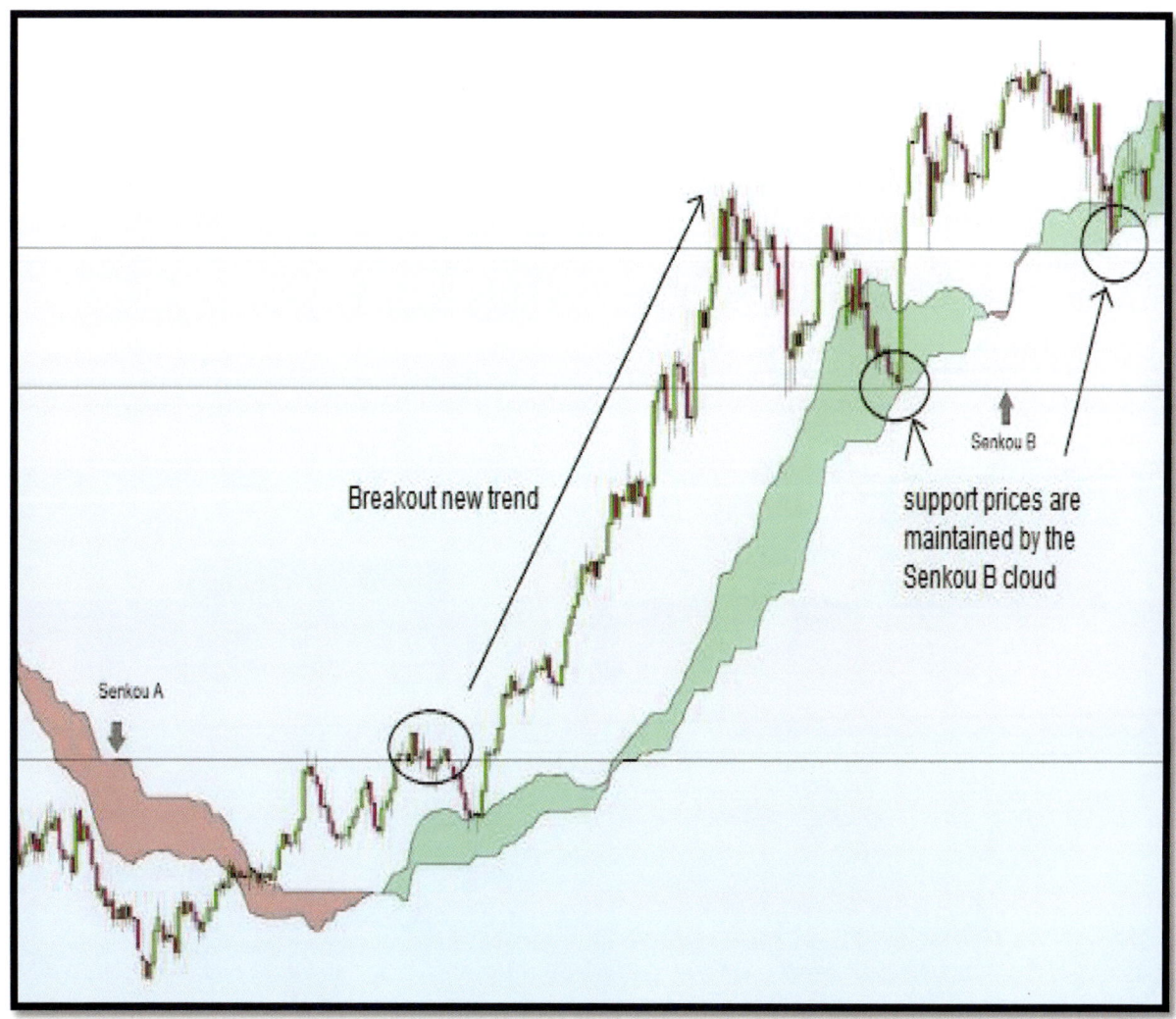

Une tendance s'est mise en place sur la cassure du **Senkou A**, s'en est suivie une tendance puis une consolidation. Le **Senkou B** a joué son rôle de support pour maintenir les prix sur un **Double Bottom**, puis un creux.

Ce qu'il faut retenir

Le **Senkou A** (SSA) et **Senkou B** (SSB) représentent les niveaux clés pour des entrées et des sorties de trades. Apprenez à bien les visualiser pour réussir vos trades.

Comment le nuage peut vous prévenir d'un retournement imminent

Dans ce troisième exemple, j'ai voulu vous montrer comment perfectionner une **méthode ichimoku** avec le **chartisme** et vous allez voir que les deux font la paire.

La figure **chartiste** montrée sur le graphe est bien connue **il s'agit du tête épaule**. Ce setup bien connu des traders se forme sur une fin de cycle haussier et lorsque les prix cassent la ligne de cou, c'est le début d'un retournement de tendance.

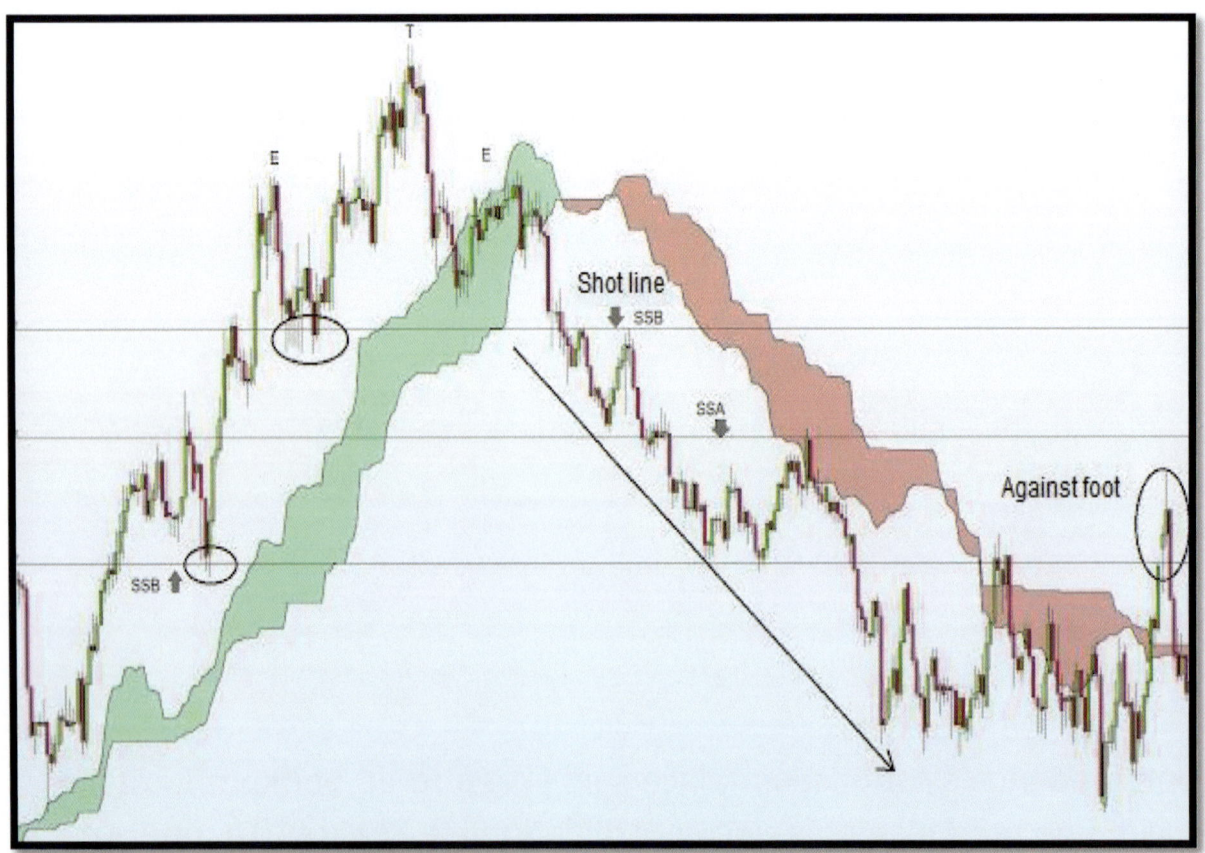

Comme vous pouvez le voir, les prix sont passés en dessous du nuage, **alertant d'un retournement imminent**. Mais avant cela, il faut que le setup soit validé. La ligne de cou est représentée par le **Senkou B**, les prix cassent la SSB, s'ensuit un **pull-back** qui valide le setup.

Les prix vont ensuite tenter un rebond sur la SSB mais les prix seront bloqués par le nuage de la SSA, et s'ensuivra une continuation de la tendance jusqu'à l'épuisement de celle-ci.

La tendance épuisée, les prix consolident et seront à nouveaux bloqués par la SSB. Une deuxième tentative sera suivie **d'un contre-pied très courant dans une tendance neutre**.

Ce qu'il faut retenir :

Souvenez-vous que **les supports / résistances sont la base du trading**. Sans eux, vous n'auriez aucun repère et il vous serait impossible de mettre en place une stratégie de trading profitable.

Comment trouver les Doubles Top et Doubles Bottoms avec le Chikou Span

Si le **Chikou** renforce le signal d'achat sur le croisement du **Tenkan** et de la **Kijun**, il peut aussi vous aidez **à tracer des supports / résistances** et vous permettre de trouver des setups comme le double Top, ainsi que montré dans l'exemple ci-dessous :

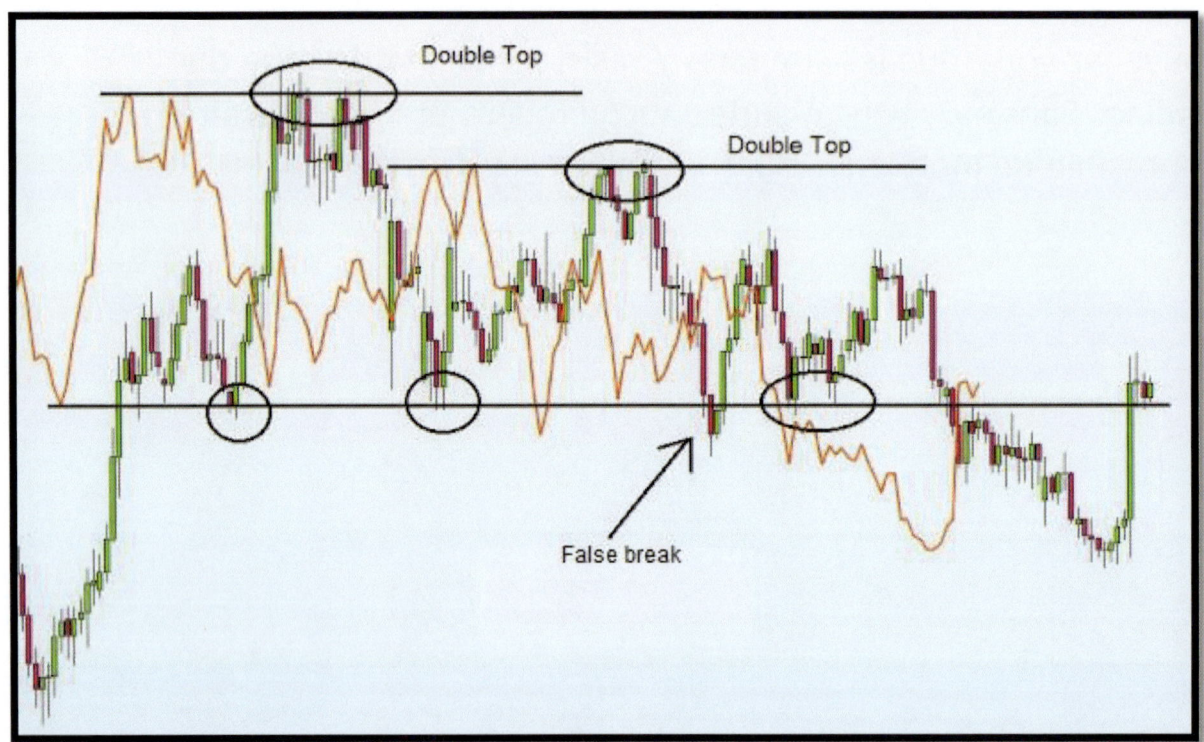

Si les prix bloquent deux fois sur un pivot, alors le **Chikou** confirmera que vous avez trouvé un **support / résistance**. Cependant, son signal sera plus pertinent si vous tracez une horizontale avec le **Senkou A ou B**.

L'intérêt d'utiliser le Chikou est de trouver les points hauts dans des fins de cycles haussiers et les points bas dans les fins de cycles baissiers. Ces points hauts et bas peuvent être représentés par des creux ou des horizontales comme le **double top / double bottom**, ou des figures de retournement comme le **tête épaule / tête épaule inversée.**

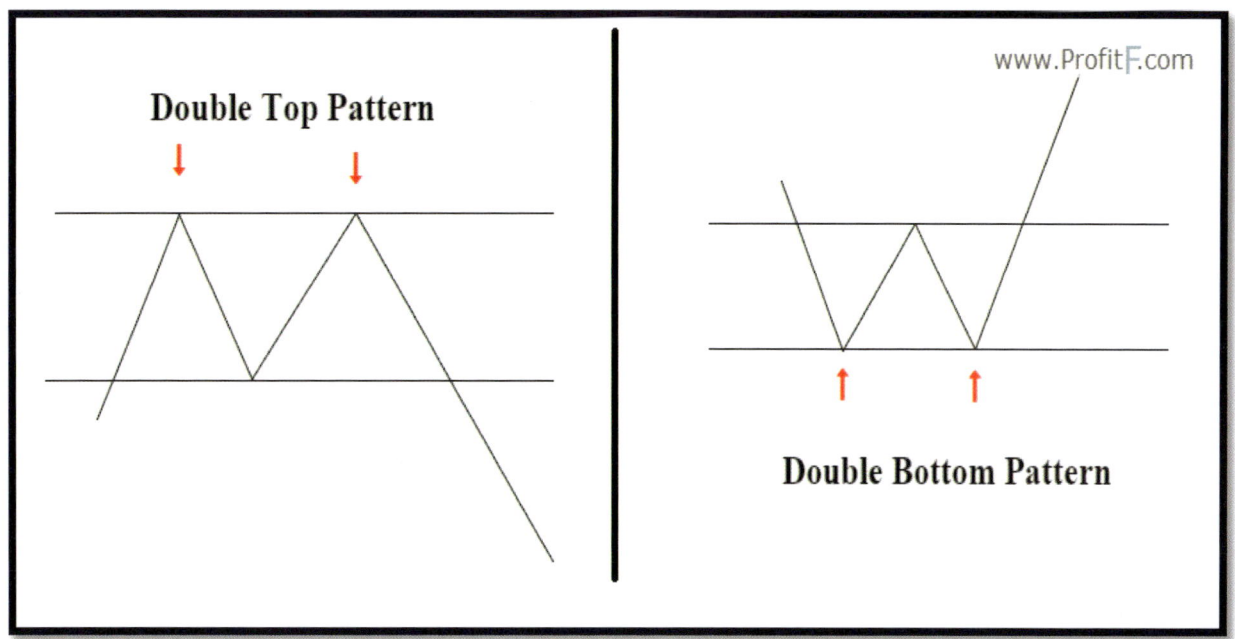

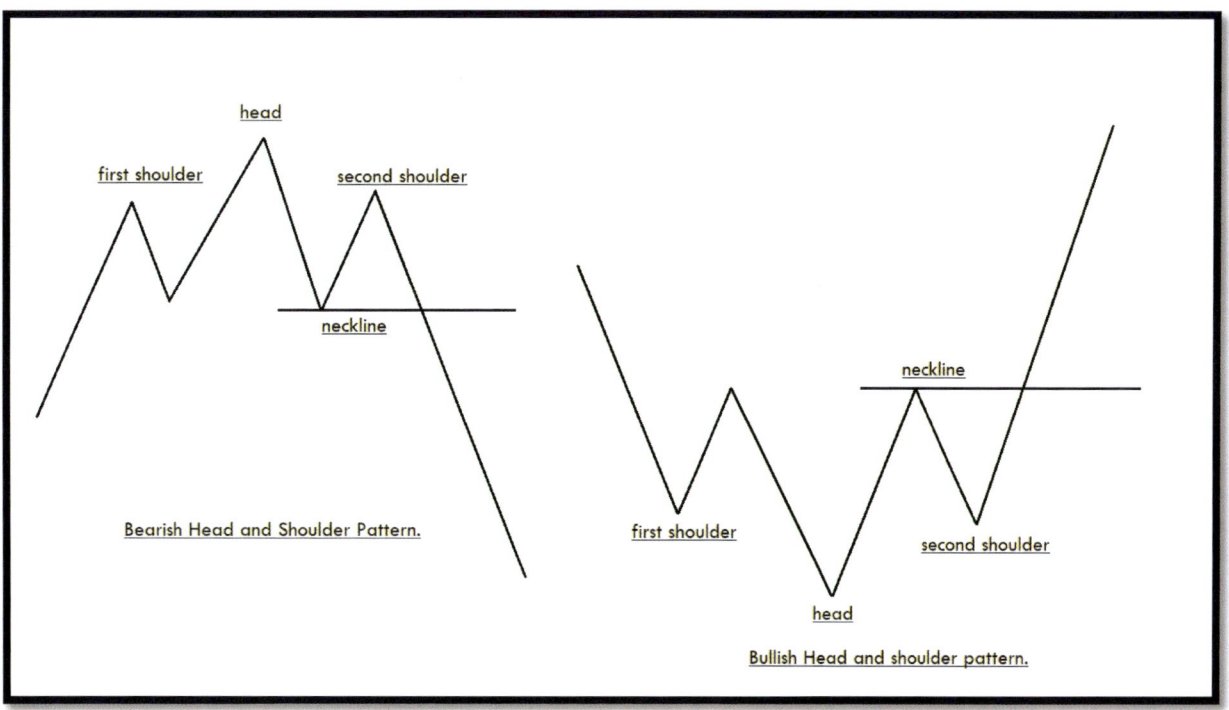

Ce qu'il faut retenir

Le **Chikou** peut être complémentaire aux horizontales du **Senkou A** et **Senkou B**. Sa période de 26 en arrière **vous permettra visuellement de trouver des setups de trading** comme le double top, montré sur le graphe ci-dessus.

Comment rattraper une tendance avec le Tenkan et la Kijun

Dans le système **ichimoku**, le **Tenkan et la Kijun** peuvent former des supports / résistances. Mais à la différence des classiques moyennes mobiles, les paliers se forment lorsqu'un plat vient à maintenir ou bloquer le prix.

C'est très simple : **plus l'angle sera important, plus la tendance sera forte** et si les prix accélèrent à la hausse ou à baisse, le **Tenkan** sera le premier palier, puis viendra la **Kijun**.

Concrètement, comment opérer : il vous suffira d'attendre un creux touchant le **Tenkan ou Kijun** et une fois celui-ci validé, vous prenez position et de cette façon vous surfez sur le momentum haussier ou baissier, voici un exemple :

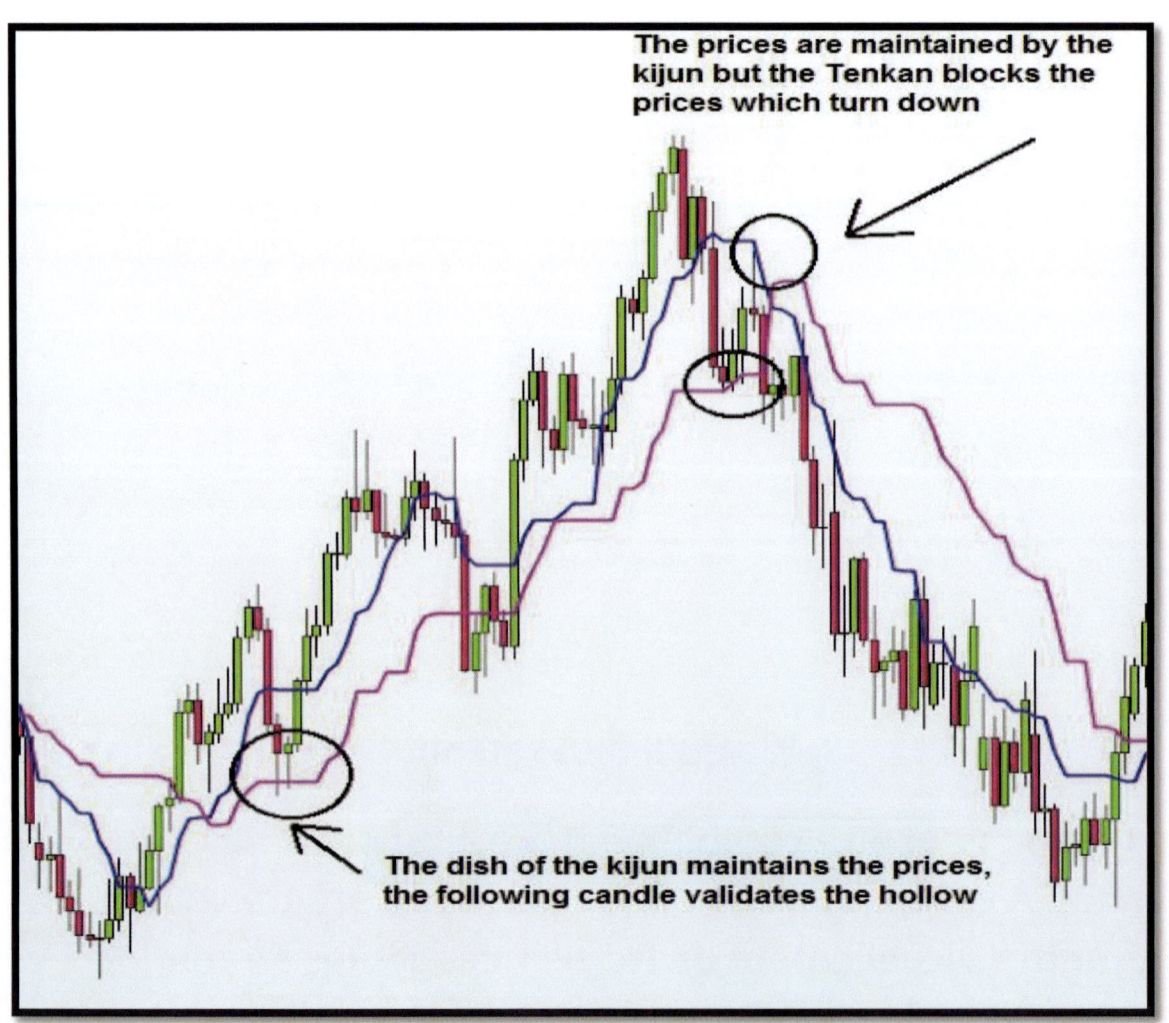

Vous voyez les prix rebondir sur la Kijun plate qui **constituait un point d'entrée**, même si par la suite la bougie rouge a cassé la **Kijun**, cette cassure n'a pas été validée et les prix ont continué leur momentum haussier.

En revanche, tout en haut, bien que la **Kijun** maintienne les prix, le **Tenkan** bloque et vous prévient d'un retournement. Une fois passé le croisement de ceux-ci, la tendance se retourne.

Rien ne vaut une tendance en parabolique

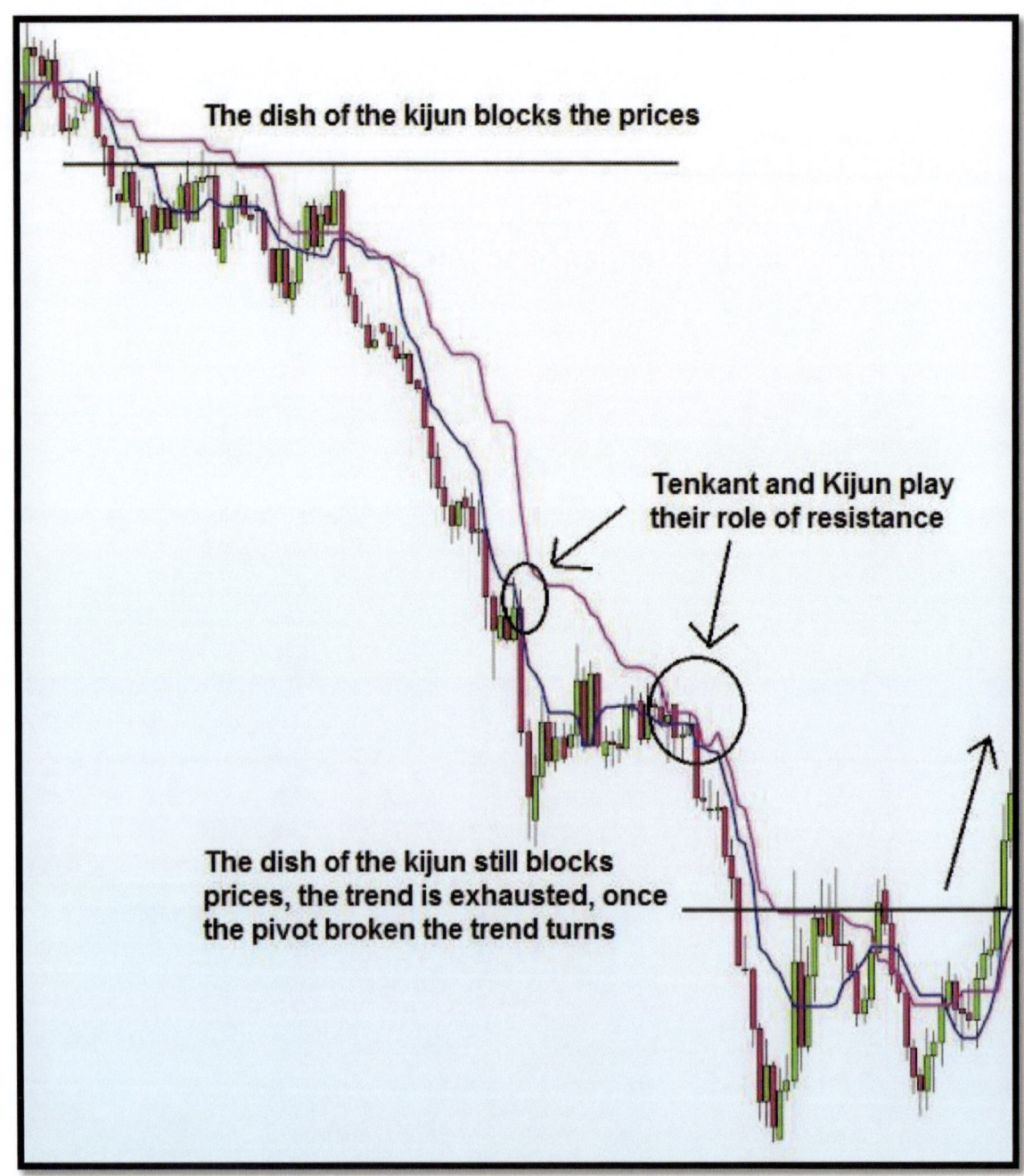

Sur le graphe ci-dessous, vous voyez un début de tendance linéaire. Le marché se montre hésitant, mais le plat de la **Kijun** bloque le prix, la bougie rouge confirme le début d'une tendance baissière, vous avez un signal fort d'entrée s'ensuit un joli short.

Ce qu'il faut retenir

Vous pouvez vous servir du **Tenkan** et de la **Kijun** pour rattraper une tendance, mais retenez bien une chose : **la tendance devra être en parabolique** pour être sûr que les prix aient assez de force pour poursuivre la tendance.

N'essayez même pas dans une tendance linéaire, vous allez vous casser les dents.

Les signaux d'achats et de ventes

Dans ce troisième chapitre, nous allons voir les principaux signaux d'achats et de ventes. Voici un récapitulatif des différents signaux :

Les signaux haussiers

Signal haussier faible

- Prix au-dessus du nuage
- Croisement **Tenkan-Kijun** en dessous du nuage
- **Chikou** au-dessus du prix, mais en dessous du nuage

Signal haussier moyen

- Prix au-dessus du nuage
- Croisement **Tenkan-Kijun** dans le nuage
- **Chikou** au-dessus du prix

Signal haussier fort

- Prix en dessous du nuage
- Croisement **Tenkan-Kijun** au-dessus du nuage
- **Chikou** au-dessus du nuage

Les signaux baissiers

Signal baissier faible
- Prix au-dessus du nuage
- Croisement **Kijun-Tenkan** au-dessus du nuage
- **Chikou** en dessous du prix, mais au-dessus du nuage

Signal baissier moyen

- Prix en dessous du nuage
- Croisement **Kijun-Tenkan** dans le nuage
- **Chikou** en dessous du prix

Signal baissier fort

- Prix en dessous du nuage
- Croisement **Kijun-Tenkan** en dessous du nuage
- **Chikou** en dessous du nuage

Alors bien sûr, ce sont des signaux de trading mais cela ne veut pas dire **qu'il faut les suivre aveuglement**, sinon vous allez hurler que ça ne marche pas.

Si les prix sont dans une tendance neutre, l'auxiliateur **ichimoku** se révélera inefficace, à moins de jouer les contre-pieds sur des fausses cassures de **support / résistance**.

En revanche, lorsque les prix seront à nouveau en tendance, les signaux se révéleront pertinents. Tout est une question d'environnement graphique.

Exemple de trade

Voici un exemple de **scalping** sur le CAC40 en time frame 1 minute :

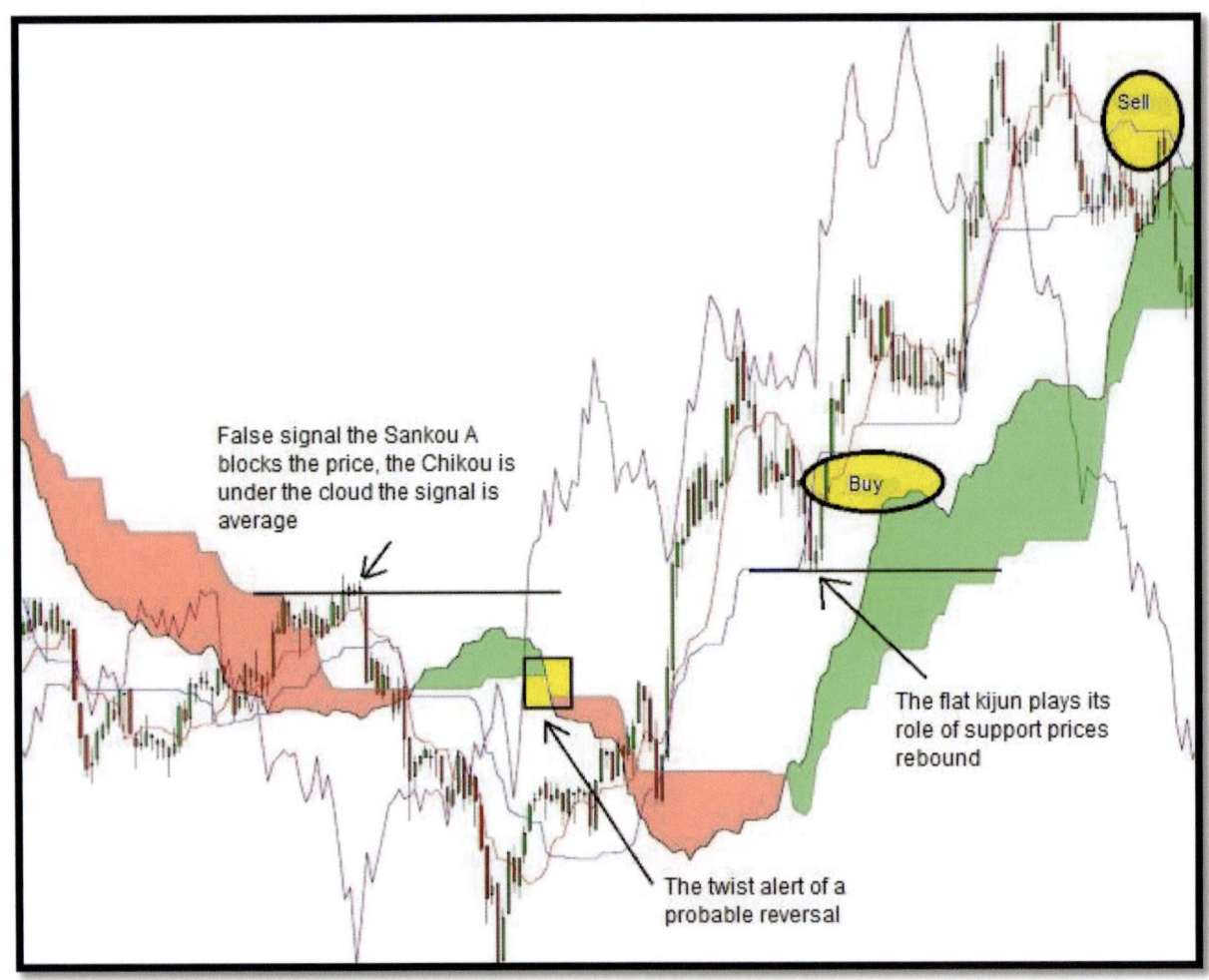

Le premier signal n'était pas très pertinent. Si la courbe du **Tenkan** est correcte, la **Kijun** trop plate et le **Chikou** sous le nuage épais ne donne pas la force suffisante pour un retournement durable.

Plus bas, le creux dessiné par le **Chikou** montre que le point bas est atteint. Le **Twist** alerte d'un probable retournement à venir, le nuage peu épais est franchi, les prix font un pull-back et confirment le retournement à la hausse.

Si on reprend les principes de **la théorie de dow,** les prix ont dépassé leur dernier plus haut, la vague corrective qui s'ensuit représente des prises de bénéfice qui constituent une opportunité d'achat.

Reste à trouver le point d'entrée idéal qui sera le plat de la **Kijun.** La volatilité fait que les prix rebondissent comme un ballon de basket, le plat de la **Kijun** a rempli son rôle de support.

Plus haut, le **Tenkan** bloque les prix qui ne reviennent pas sur leurs derniers plus haut, il est temps de clôturer la position.

Vous voyez, **tout est dans la perception du graphe** et non des banals signaux de trading comme on le voit partout. **Un bon trader a une grande mémoire visuelle**, il est capable en un coup d'œil de repérer une opportunité qui lui donne l'avantage. Il n'est pas un banal toutou qui trade dans l'espoir de gagner, mais sans réel avantage.

Nous allons voir maintenant un cas d'école facile à reproduire :

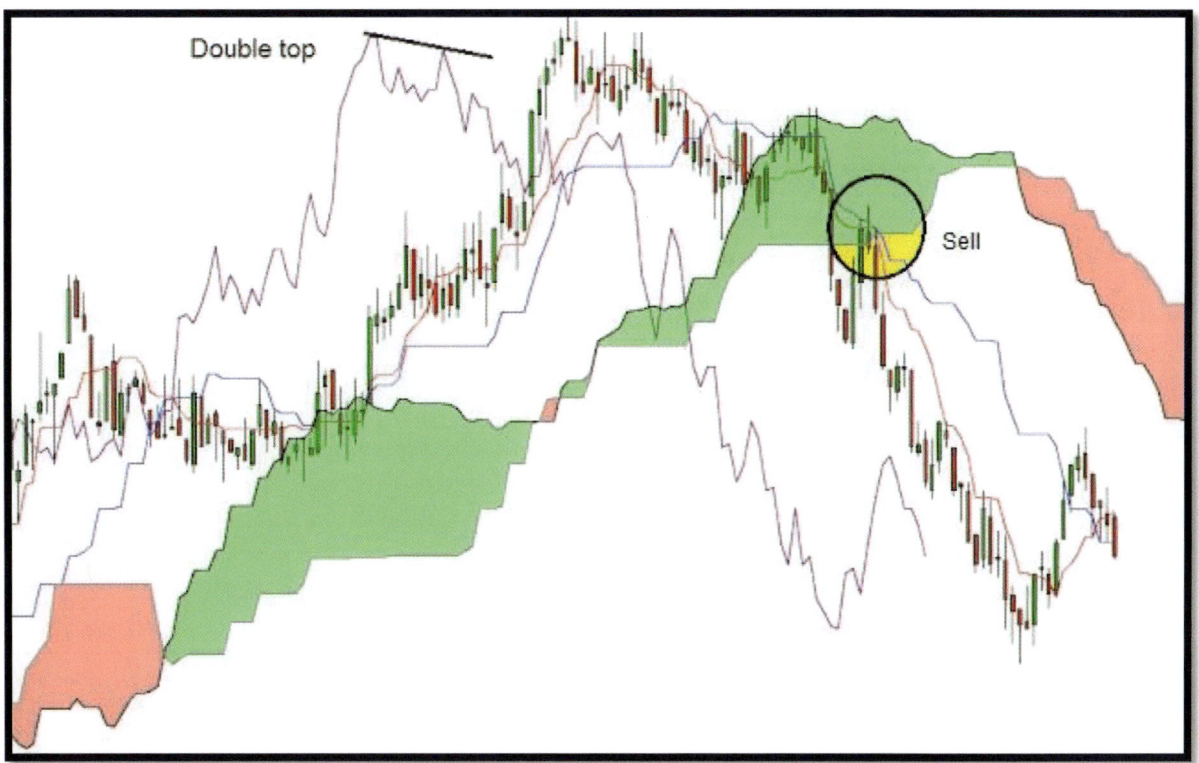

Dans un premier temps, le **Chikou** dessine un Double Top qui vous prévient que la tendance s'épuise. Les prix sont ensuite bloqués par le nuage qui les empêche de revenir sur leur dernier plus haut. La tendance est sur le point de se retourner.

Une première vague corrective casse le nuage, les prix font ensuite un pull-back sur le nuage. Le **Tenkan** et la **Kijun** bloquent le prix, le

Chikou est sous le prix mais pas encore sous le nuage, la bougie rouge envoie un signal fort de retournement à la baisse, c'est le moment idéal pour prendre une position baissière.

S'ensuivra ensuite une seconde vague baissière.

Mais faut-il attendre que toutes les conditions soient réunies pour prendre une position, ou peut-on anticiper un retournement bien avant ?

La réponse est qu'il faut mettre toutes les chances de votre côté, l'auxiliateur **ichimoku** n'est pas un indicateur miracle, **si vous anticipez le trade bien avant il vous faut un setup en béton** et ce setup vous allez le trouver avec l'aide du **Chikou**, nous allons voir ça toute suite dans le graphe ci-dessous.

EUR/USD – Journalier

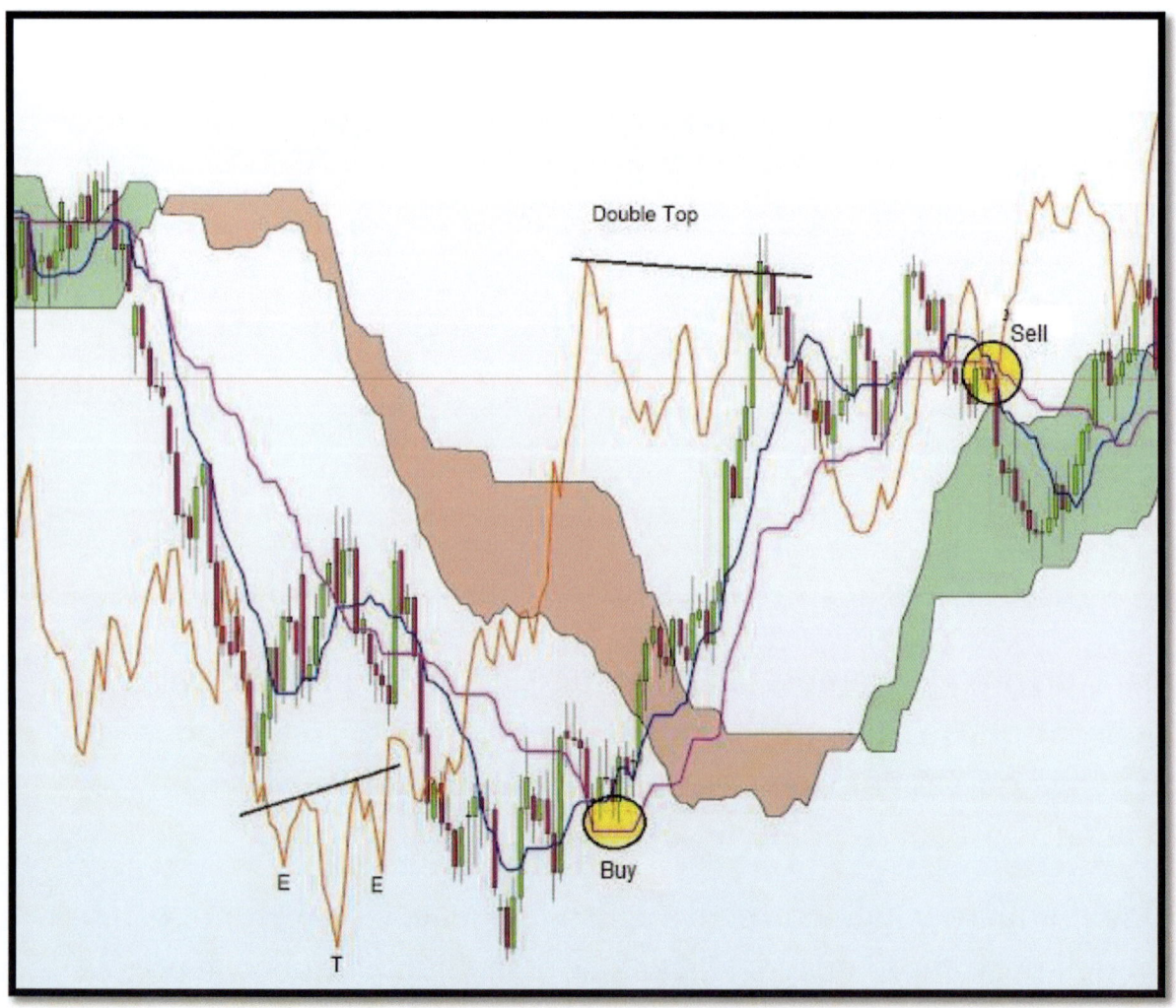

Après deux vagues baissières, le **Chikou Span** dessine un tête épaule inversé qui est une figure de retournement. Une fois le setup validé, les prix consolident sous la **Kijun-Sen**.

La stratégie consiste à anticiper un retournement après la validation du setup - tête épaule inversé. La **Kijun** sous le prix servira de point d'entrée, les prix vont ensuite sortir du nuage. S'ensuivra un Double Top qui, à son tour, sera validé par un signal de vente.

En conclusion, il est possible d'anticiper un retournement de tendance à la condition de trouver un setup de trading.

Ce qu'il faut retenir

Il vaut mieux attendre que toutes les conditions soient réunies pour réussir votre trade, cependant il est possible d'anticiper un retournement si le **Chikou** dessine un setup de trading.

Le Takana

Ce quatrième chapitre est consacrer à une de mes techniques préférées, car elle est terriblement efficace quand on en a compris les principes.

Takana signifie « sabre samouraï », il a lieu lorsque **Tenkan-Sen** et **Kijun-Sen** se confondent ou lorsqu'ils sont collés l'un à l'autre, comme montré dans les graphes ci-dessous.

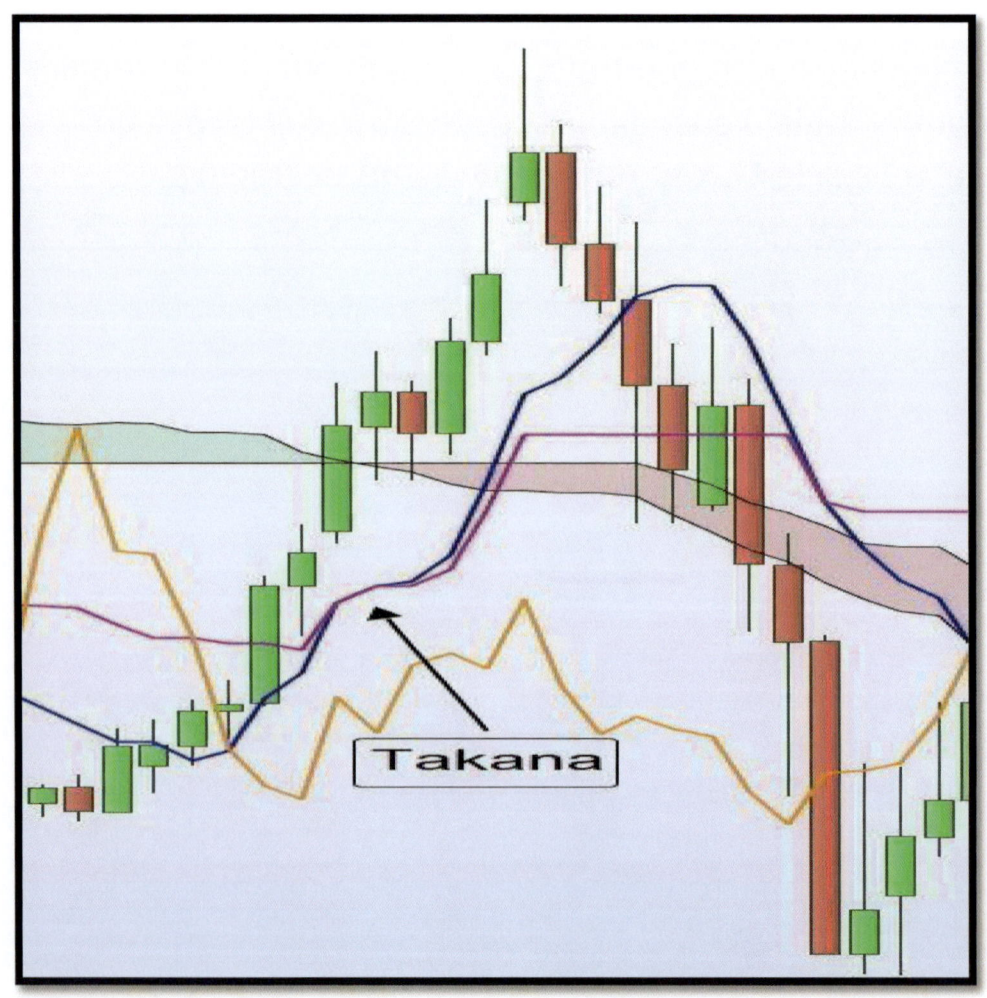

Sur ce graphe, le **takana** apparaît dans une forte volatilité. Sur les deux autres graphes, **le takana apparaît sur une continuation detendance et sur un retournement de tendance**.

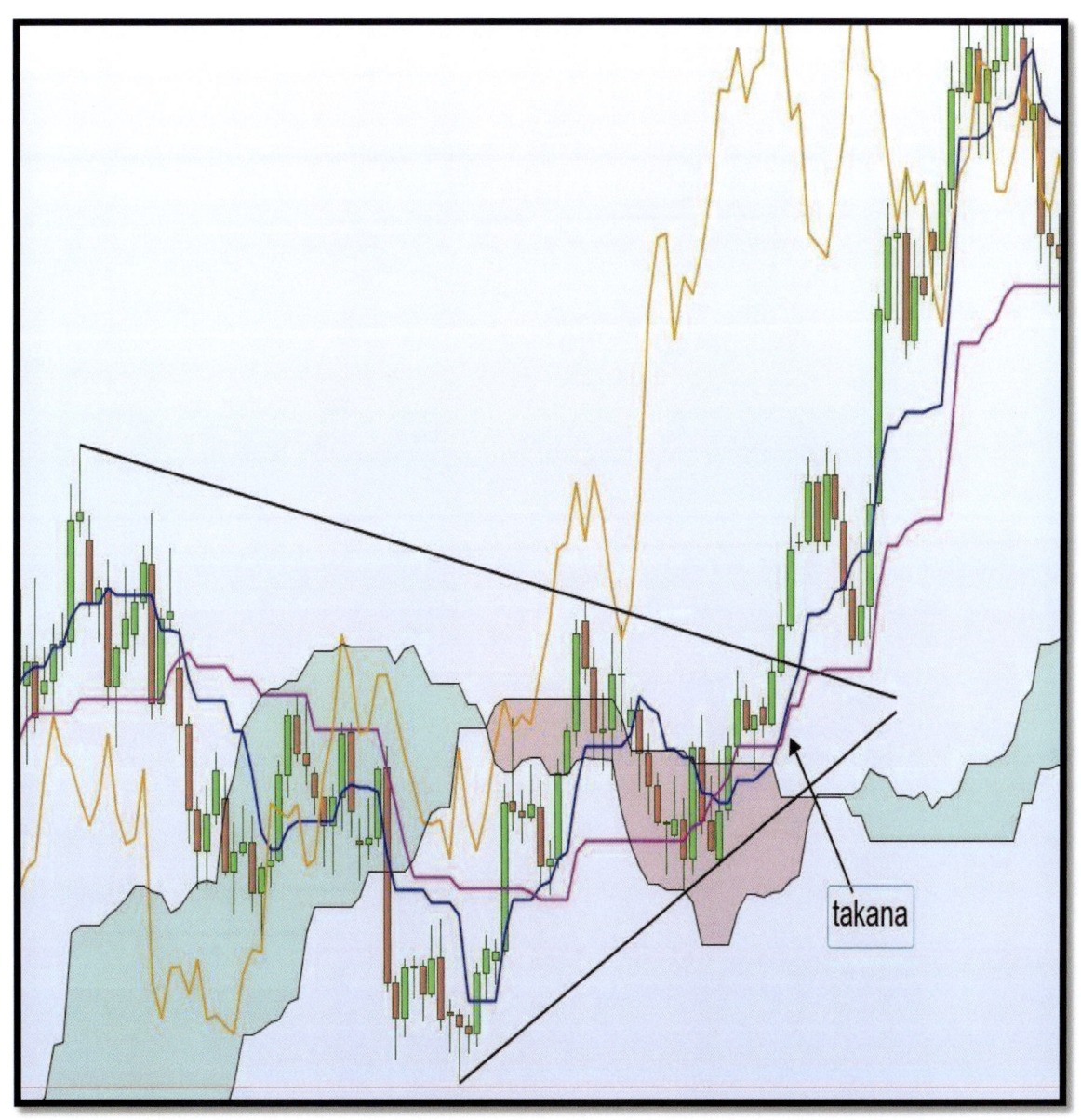

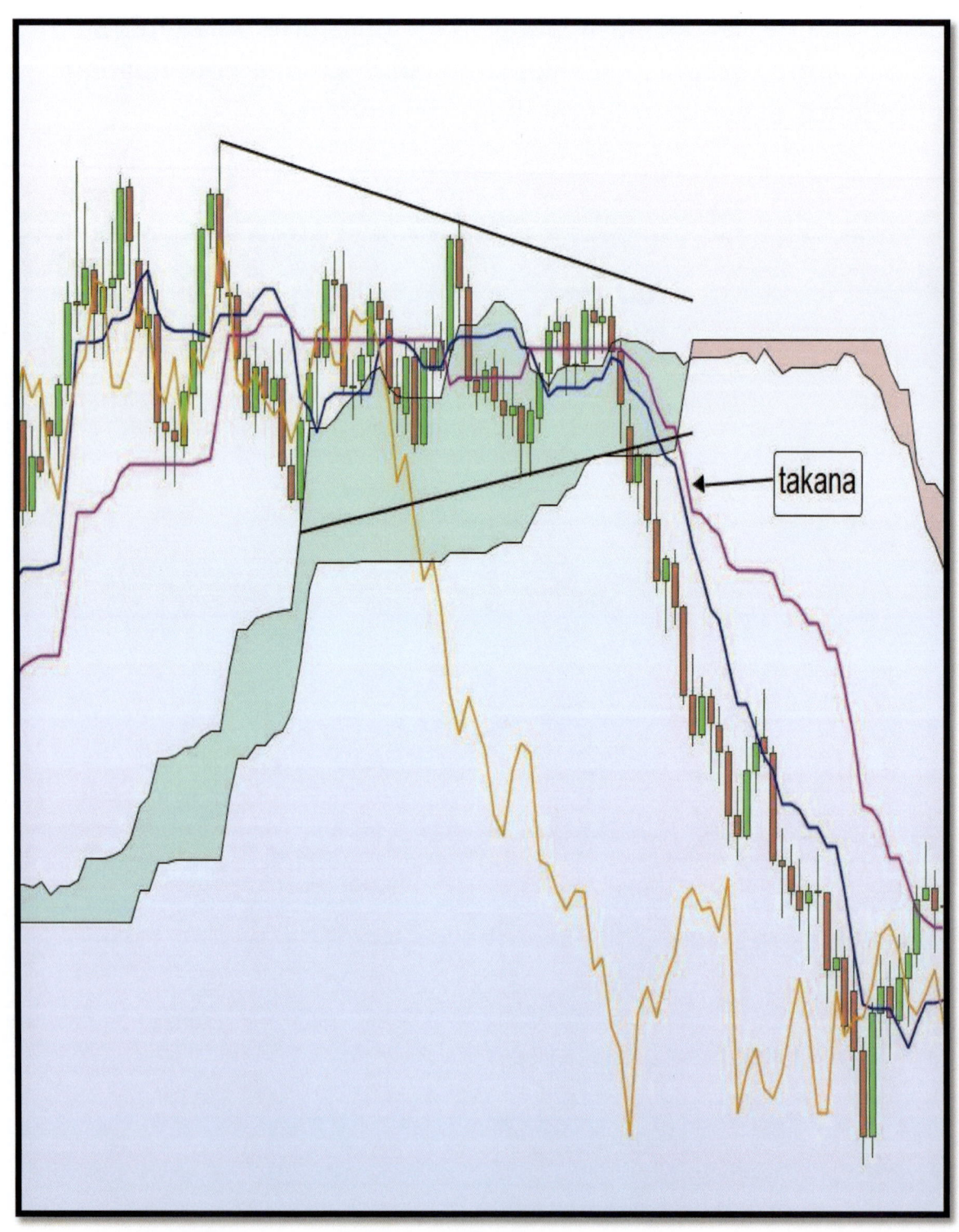

Comment vous le voyez, **les takanas sont de puissants signaux de retournement mais aussi de continuation**; ils permettent parfois **d'anticiper un retournement,** ce qui vous donne un coup d'avance sur le marché.

Voici un exemple :

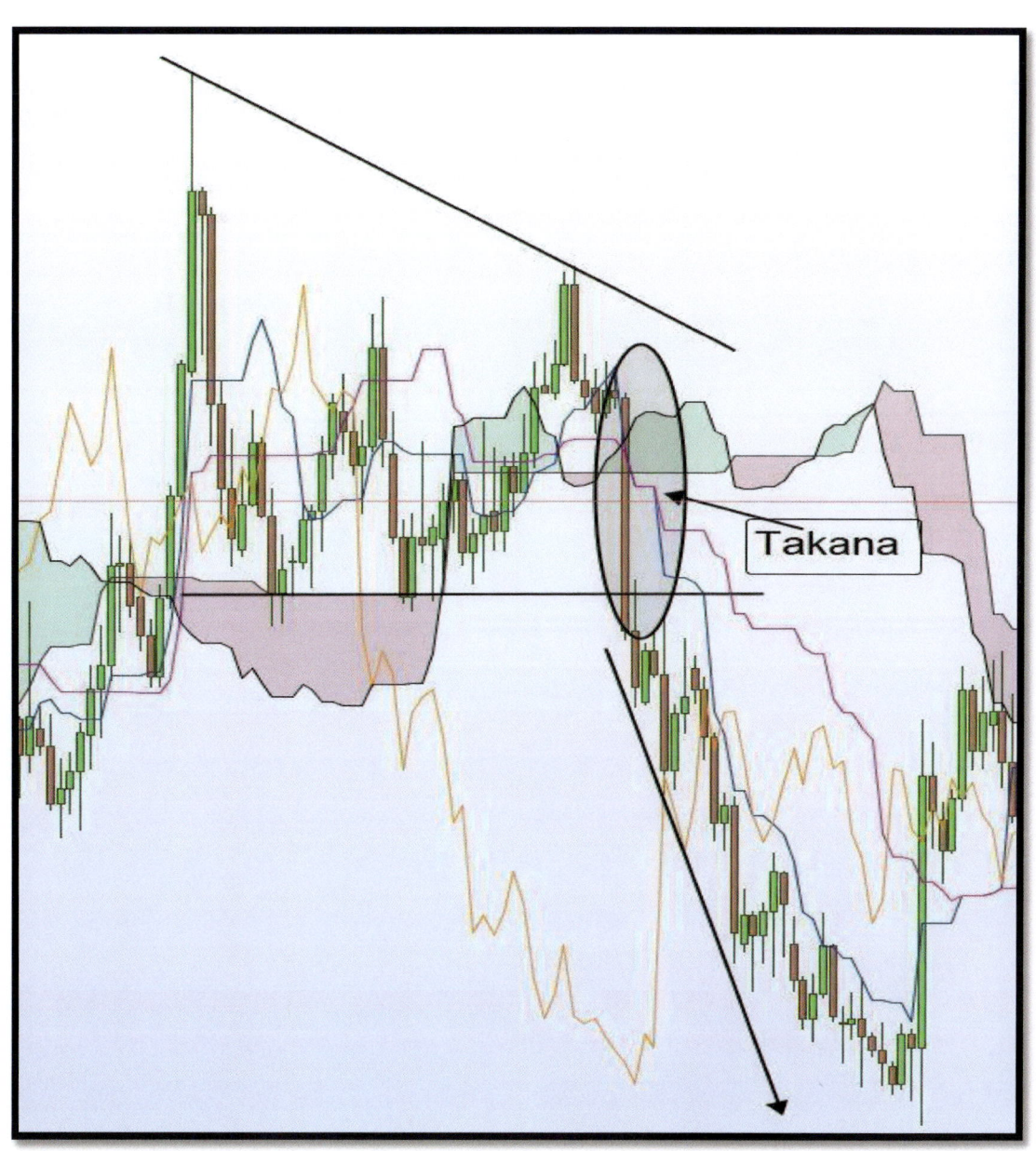

Le **takana** apparaît dans la figure chartiste, l'immense bougie d'avalement signale un retournement, s'en suit une vague baissière. Conclusion : le **takana** peut vous permettre d'avoir un coup d'avance.

Cependant, il y a des critères à respecter :

La bougie doit être une bougie d'avalement et les prix doivent avoir suffisamment consolidé, dans un trading range ou une figure chartiste. Si ces critères sont respectés, alors vous pouvez anticiper le trade.

Voici maintenant un autre exemple dans une continuation de tendance.

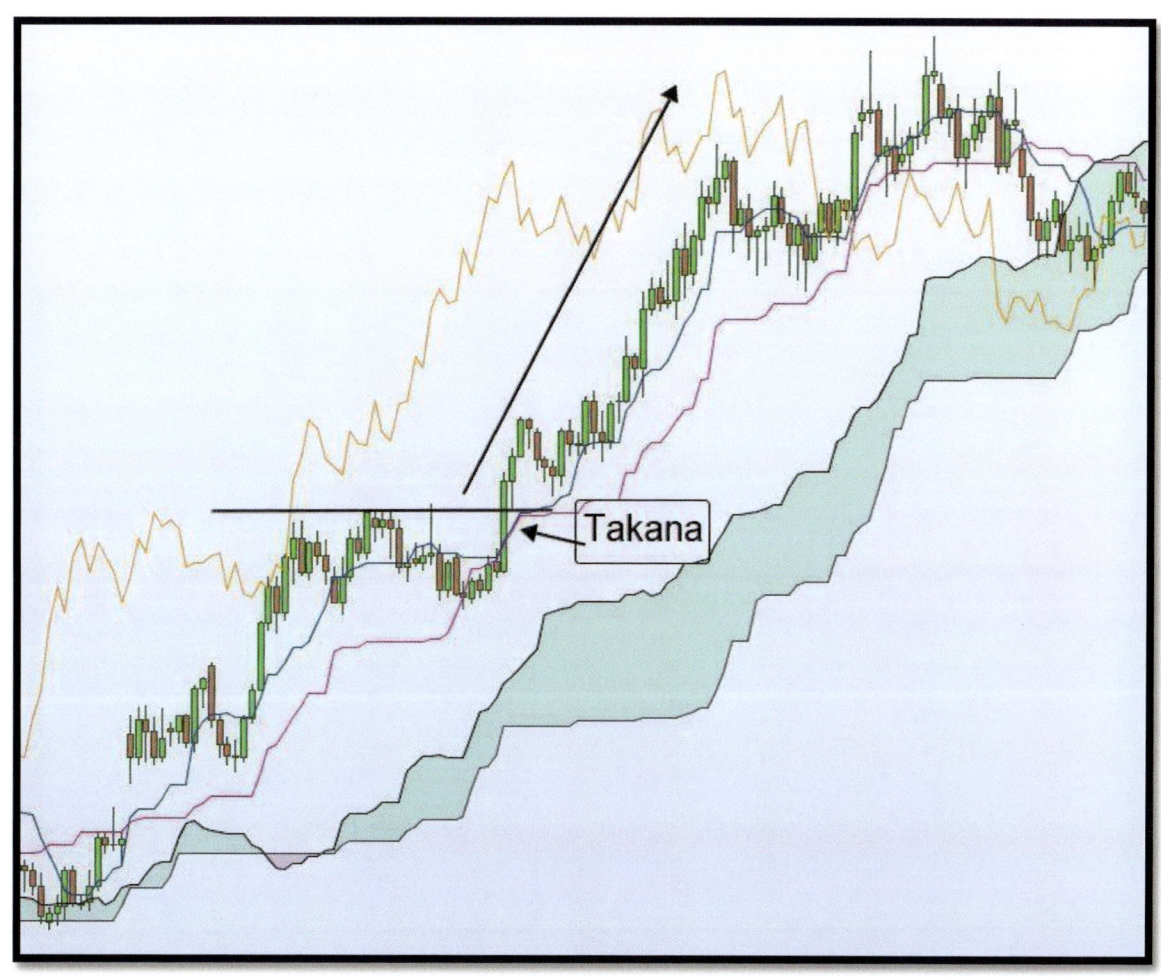

Après un gap de retournement, une tendance s'est mise en place, puis s'en est suivie une petite consolidation avant une reprise de la tendance. Le **takana** est apparu quand les prix ont fait un nouveau plus haut, ce qui constitue un signal d'achat.

Pour valider un takana de continuation, les critères à respecter sont simples :

- Le marché doit être en tendance ;
- Il doit y avoir une petite consolidation ;
- Les signaux d'achat ou de vente se font sur une cassure.

Le **takana** peut aussi apparaître dans une forte volatilité, comme le montre le graphe ci-dessous.

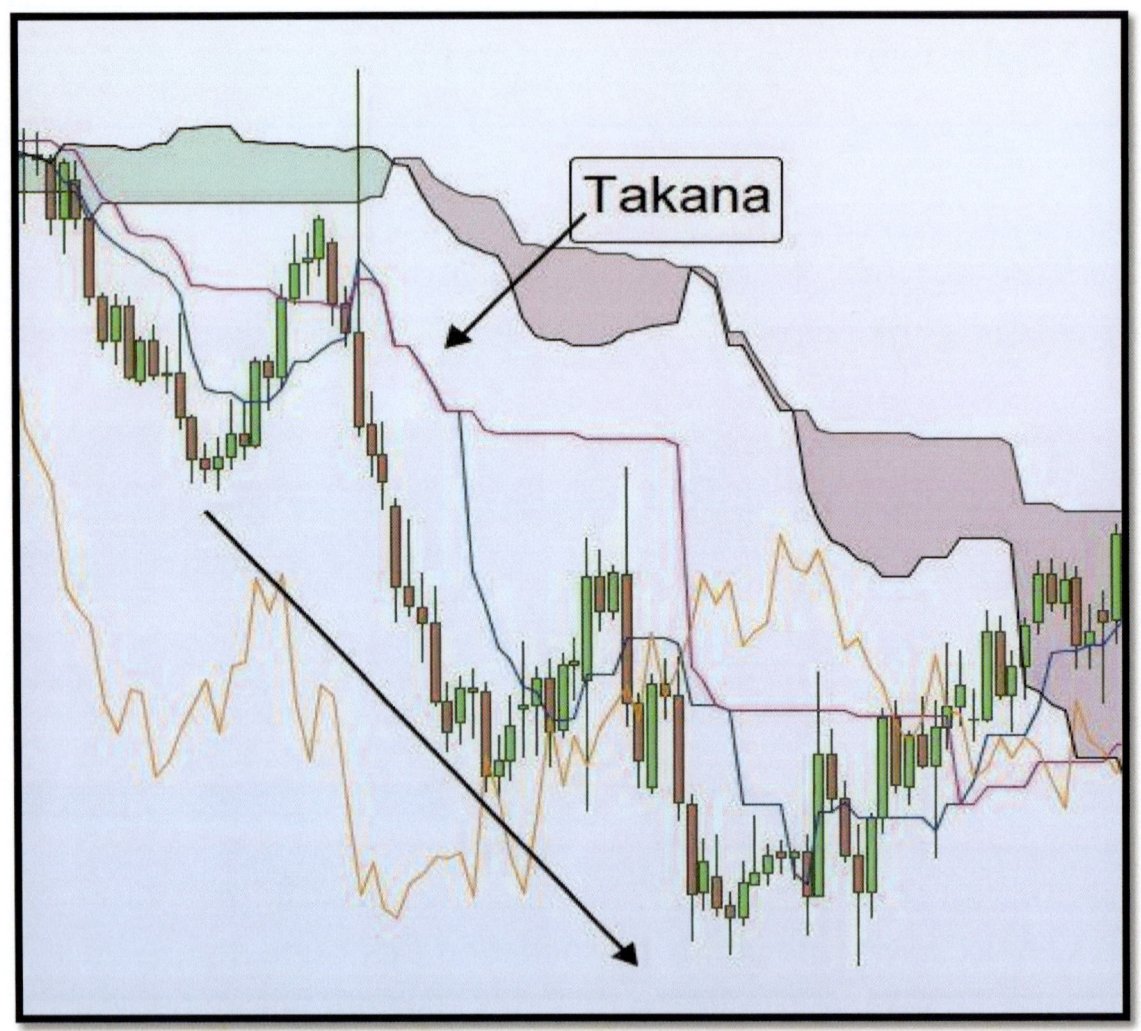

Le **takana** va envoyer un signal de validation du retournement de tendance, s'en suivra une vague baissière avant l'épuisement de la tendance.

Pour valider un takana dans une forte volatilité, les critères à respecter sont :

Une première vague au-dessus ou au-dessous du nuage, le **takana** servira à valider la deuxième vague.

Parfois, le **takana** peut vous mettre dans l'incertitude, si vous agissez un peu trop vite, comme le montre le graphe ci-dessous.

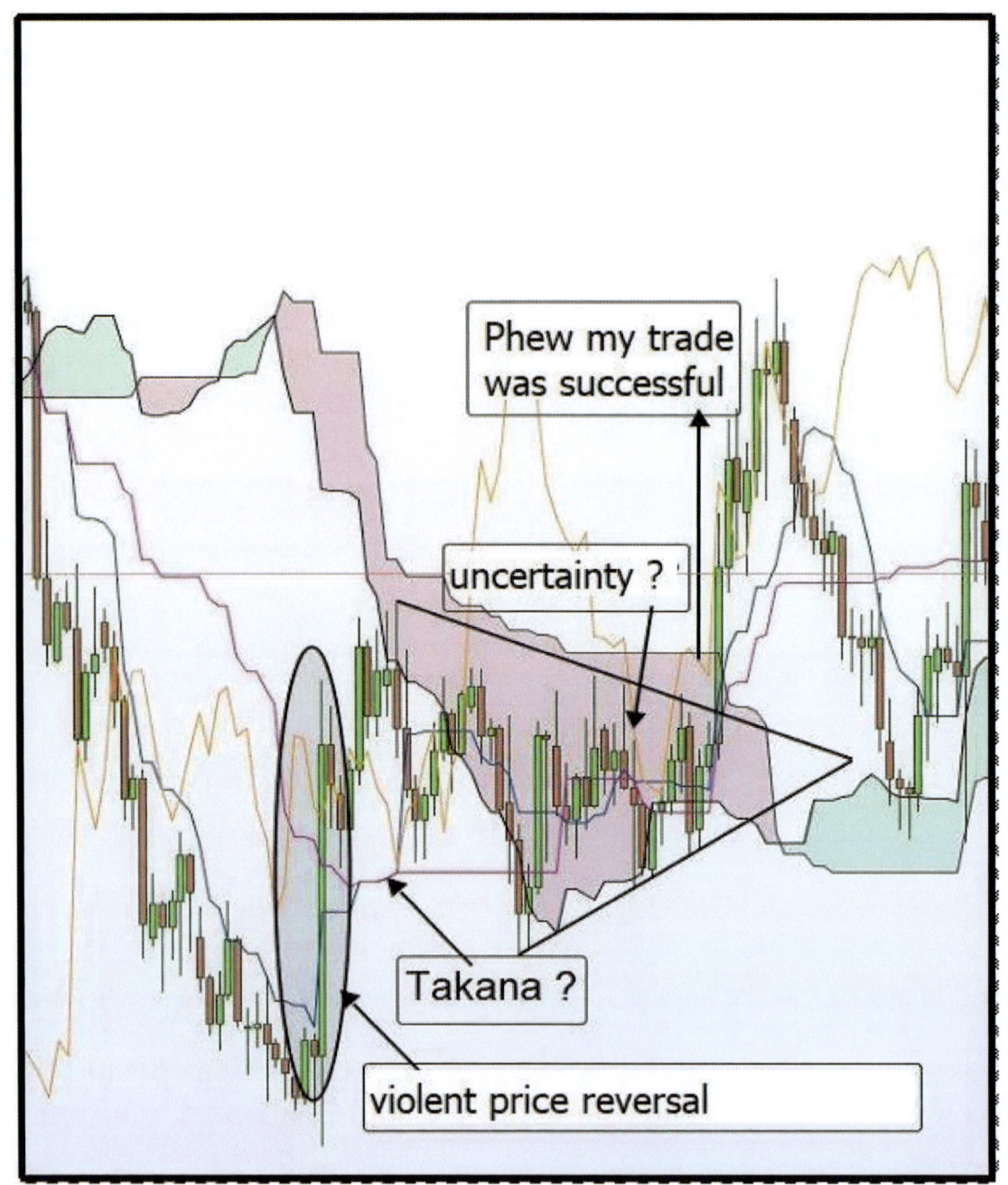

Après une vague de baisse, les prix se retournent violemment, un **takana** apparaît. Supposons que vous êtes en première position, il va s'en suivre une incertitude.

36

Cette incertitude va vous mettre dans une position inconfortable. Heureusement pour vous, le trade réussit : si vous regardez bien le graphe, un autre **takana** apparaît.

Je vous conseille donc, au début, de choisir les signaux les plus simples et d'éviter de trader à chaque fois que vous voyez un **takana**.

Car le **takana** ne fonctionne pas à tous les coups, et c'est ce que nous allons voir.

Voici un exemple d'erreur à ne pas faire - ne trader pas un **takana** àcontre-tendance - comme le montre le graphe ci-dessous.

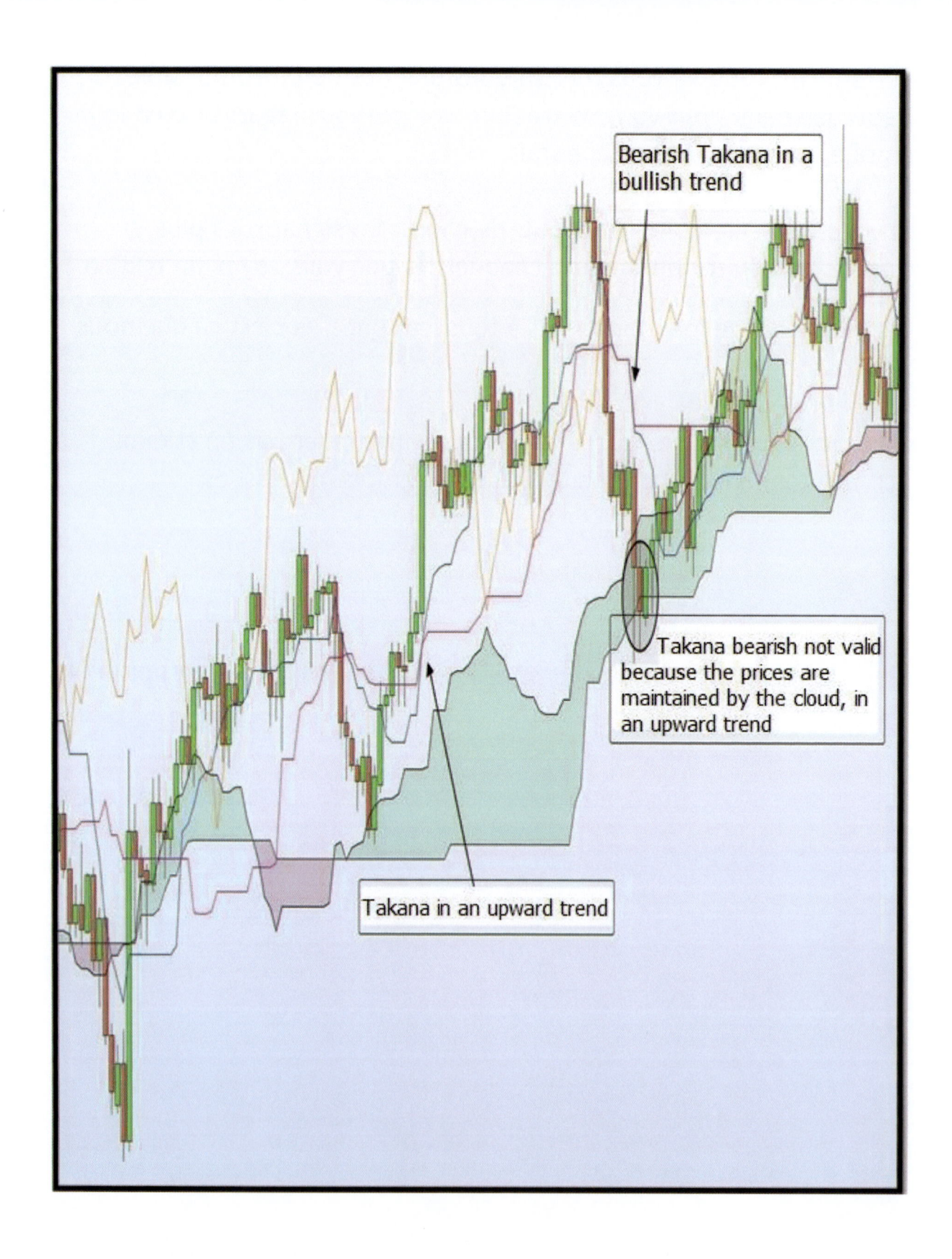

Le marché est dans une tendance haussière, un **takana** de continuation apparaît, s'en suit une vague, le retournement du prix est violent et un **takana** baissier apparaît, mais le signal ne sera pas valide car les prix sont maintenus par le nuage.

Conclusion : ne tradez pas les takanas à contre-tendance.

Autre erreur à éviter avec les **takanas : les trades dans les trading range.**

Comme vous le voyez sur le graphe ci-dessous, un **takana** apparaît dans une tendance neutre, mais le signal n'est pas valide, tout simplement parce que le marché est sans direction.

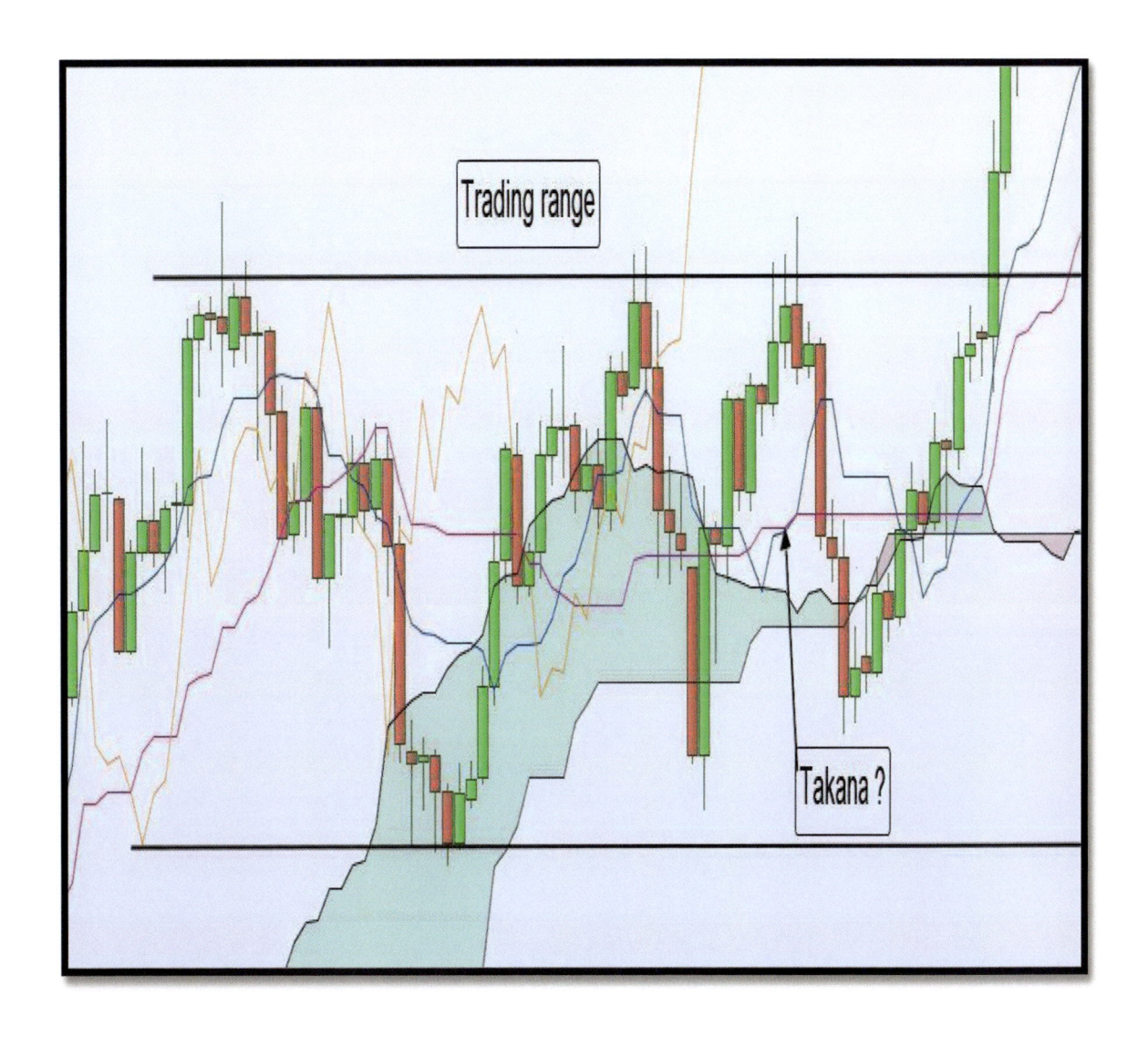

Ce qu'il faut retenir :

Les **takanas** sont **de puissants signaux de retournement et de continuation**.

Les meilleurs signaux sont **les sorties de range sur cassure**. Les takanas permettent **d'anticiper un futur retournement de tendance** pour vous donner un coup d'avance.

Les **takanas** ne fonctionnent pas dans les trades de contre-tendance et les trading ranges.

Le multi timeframe

Si vous voulez devenir un as de l'**ichimoku**, alors lisez bien ce cinquième chapitre il est très important.

Si vous voulez mettre toutes les chances de votre côté, vous avez intérêt à utiliser le multi timeframe.

Le multi timeframe consiste à utiliser deux unités de temps pour éliminer les faux signaux et être dans le sens du marché.

Allez-vous trader dans un marché sans direction ?

Non, bien sûr, c'est le meilleur moyen de vous faire lessiver.

Vous allez trader dans des conditions favorables et faire de gros gains.

C'est tout l'intérêt du multi timeframe.

Comment ça marche ?

Vous allez utiliser deux timeframes : le premier va vous donner la tendance de fond, le deuxième, la vague.

Le premier timeframe est une unité de temps supérieure, le second timeframe est l'unité de temps inférieure qui vous servira pour le timing.

Exemple :

Hebdomadaire – Journalier

4 heures – 1 heure

15 minutes – 3 minutes

5 minutes – 1 minute

Nous allons voir quatre cas d'école.

Dans le premier exemple sur le timeframe supérieur, vous voyez que les prix évoluent dans un range et qu'il n'est pas intéressant de trader.

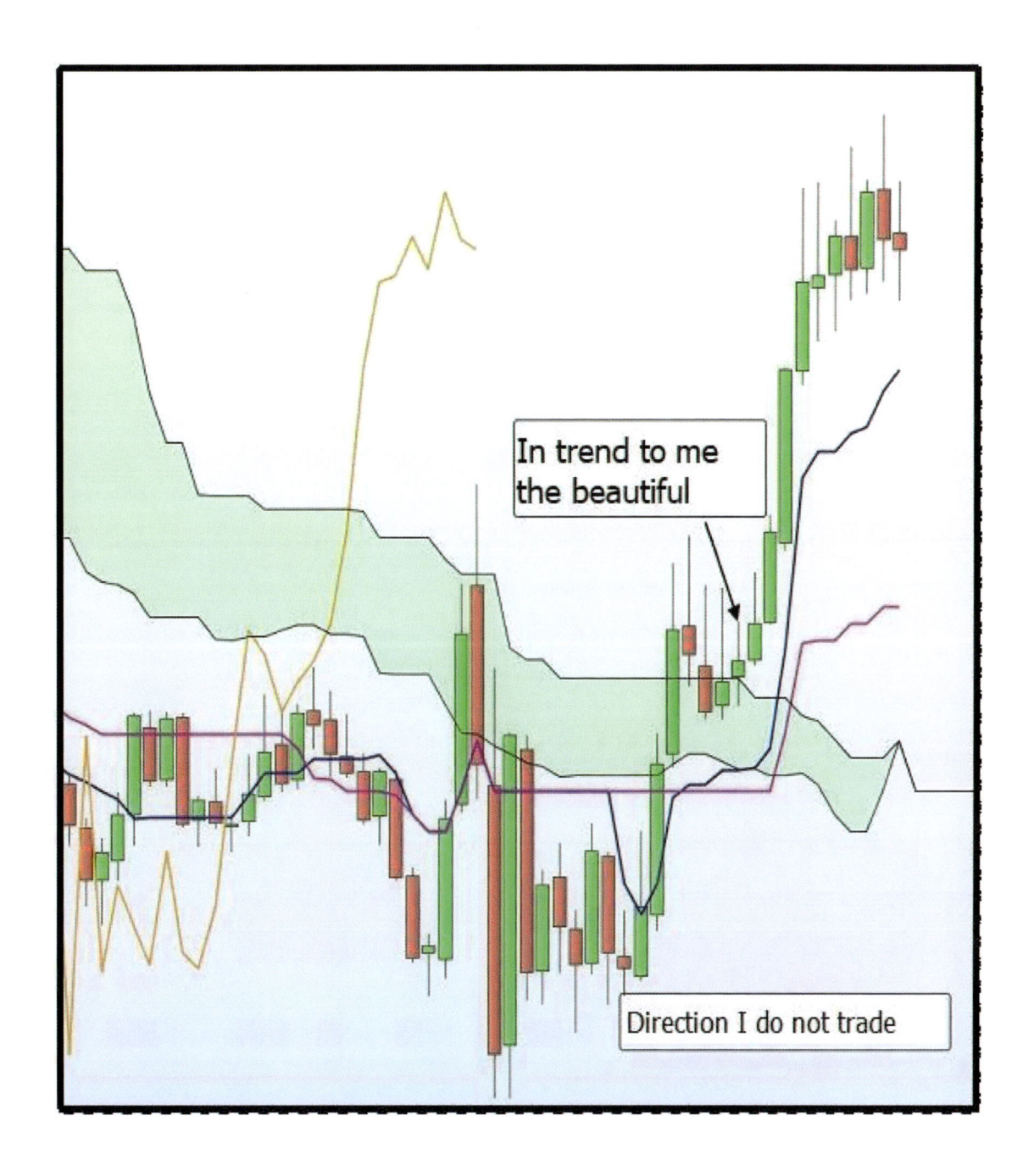

Par contre, quand les prix sortent du nuage, il y a une vague à attraper : c'est là que le timeframe inférieur va vous servir pour le timing, comme le montre le deuxième graphe.

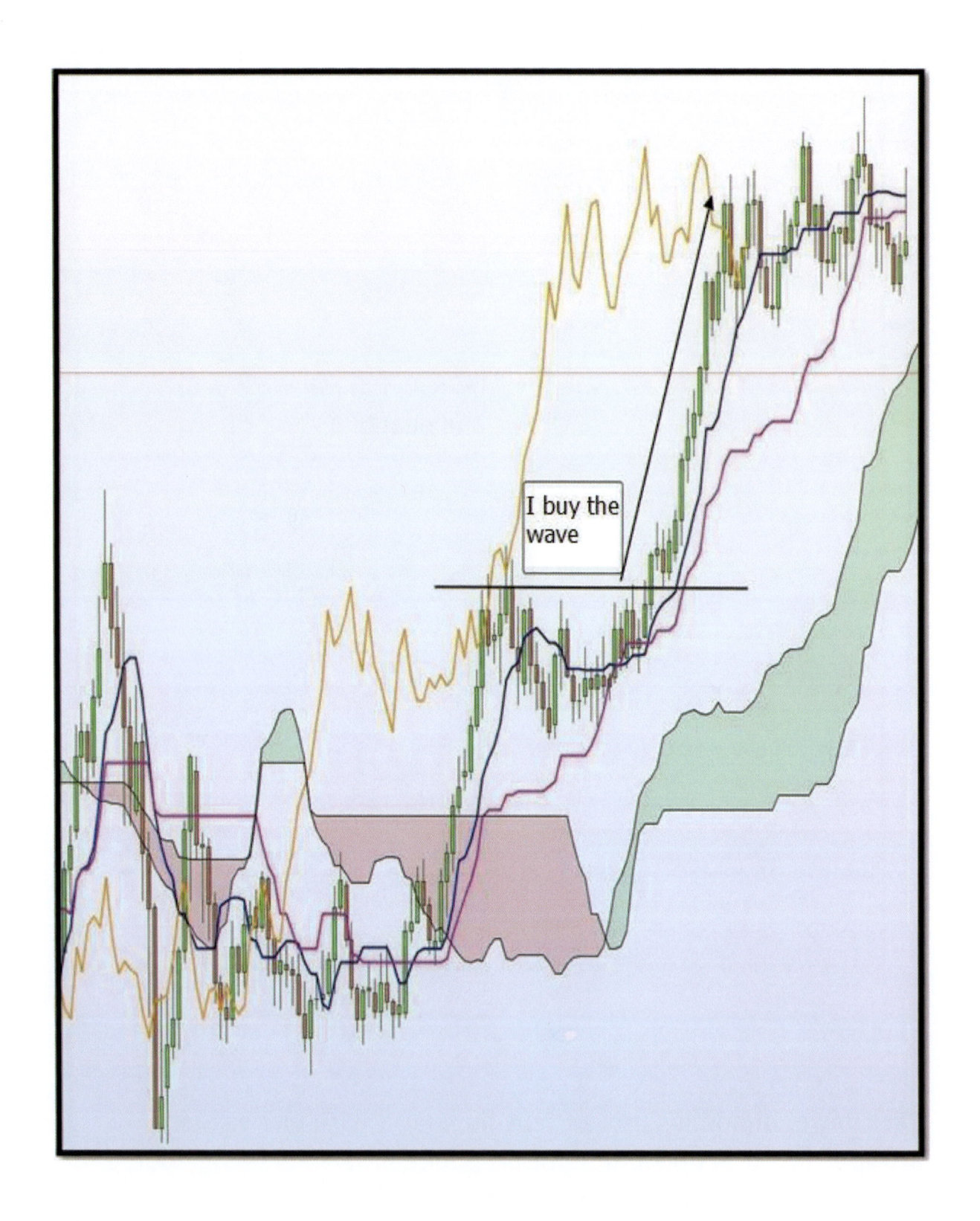

Sur ce graphe, **le signal d'achat est donné sur la cassure**. Dans le deuxième exemple, il s'agit de trader sur une cassure d'une résistance oblique après une longue consolidation.

Comme vous le voyez sur le graphe ci-dessous, sans véritable tendance, il n'est pas très intéressant de trader. Mais quand les prix vont casser l'oblique sur un **takana,** vous avez une puissante vague haussière.

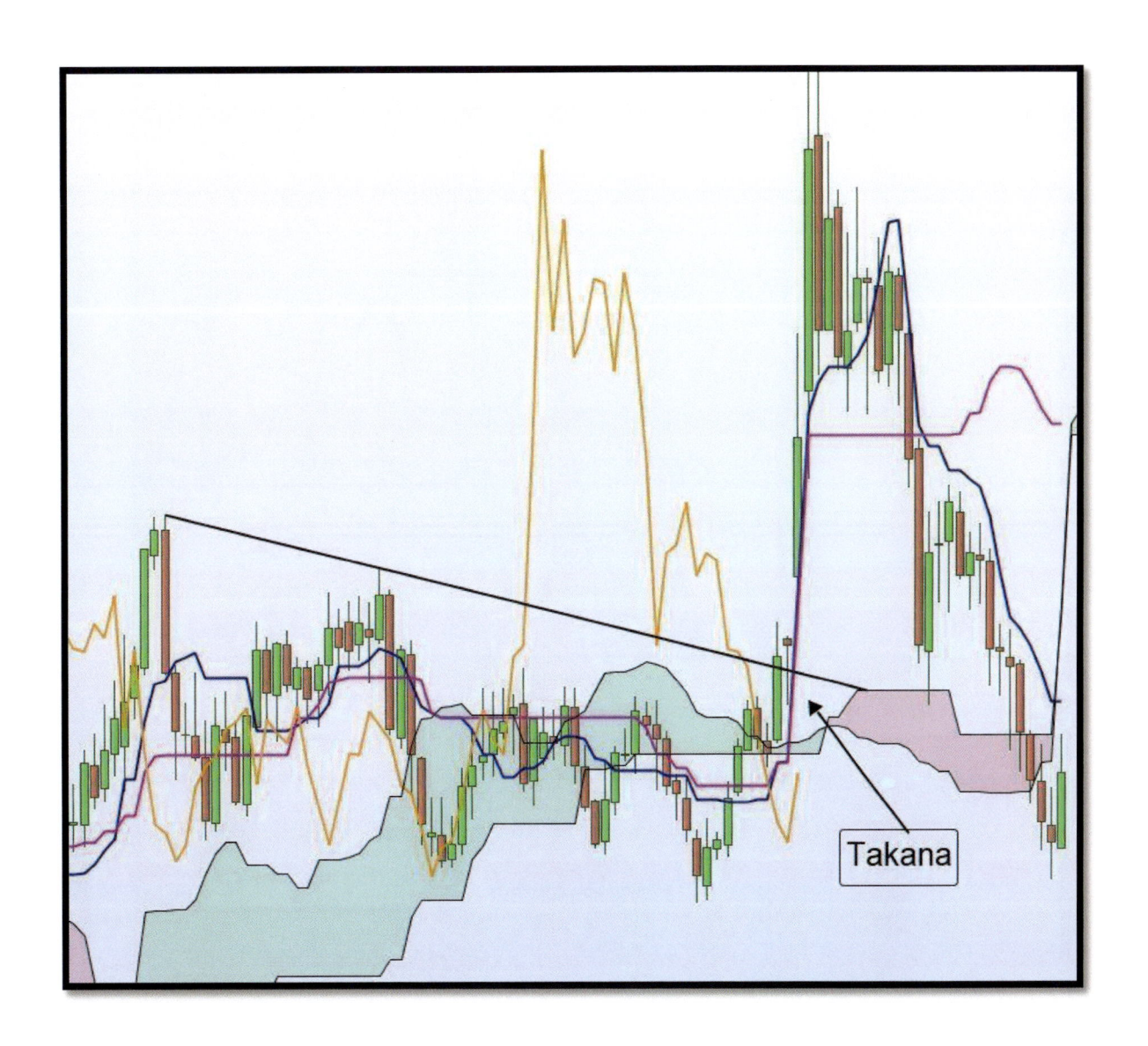

Vous remarquerez les deux **takanas** : un sur le timeframe supérieur et l'autre sur le timeframe inférieur. Le signal d'achat est donné par le gap de rupture (graphe ci-dessous).

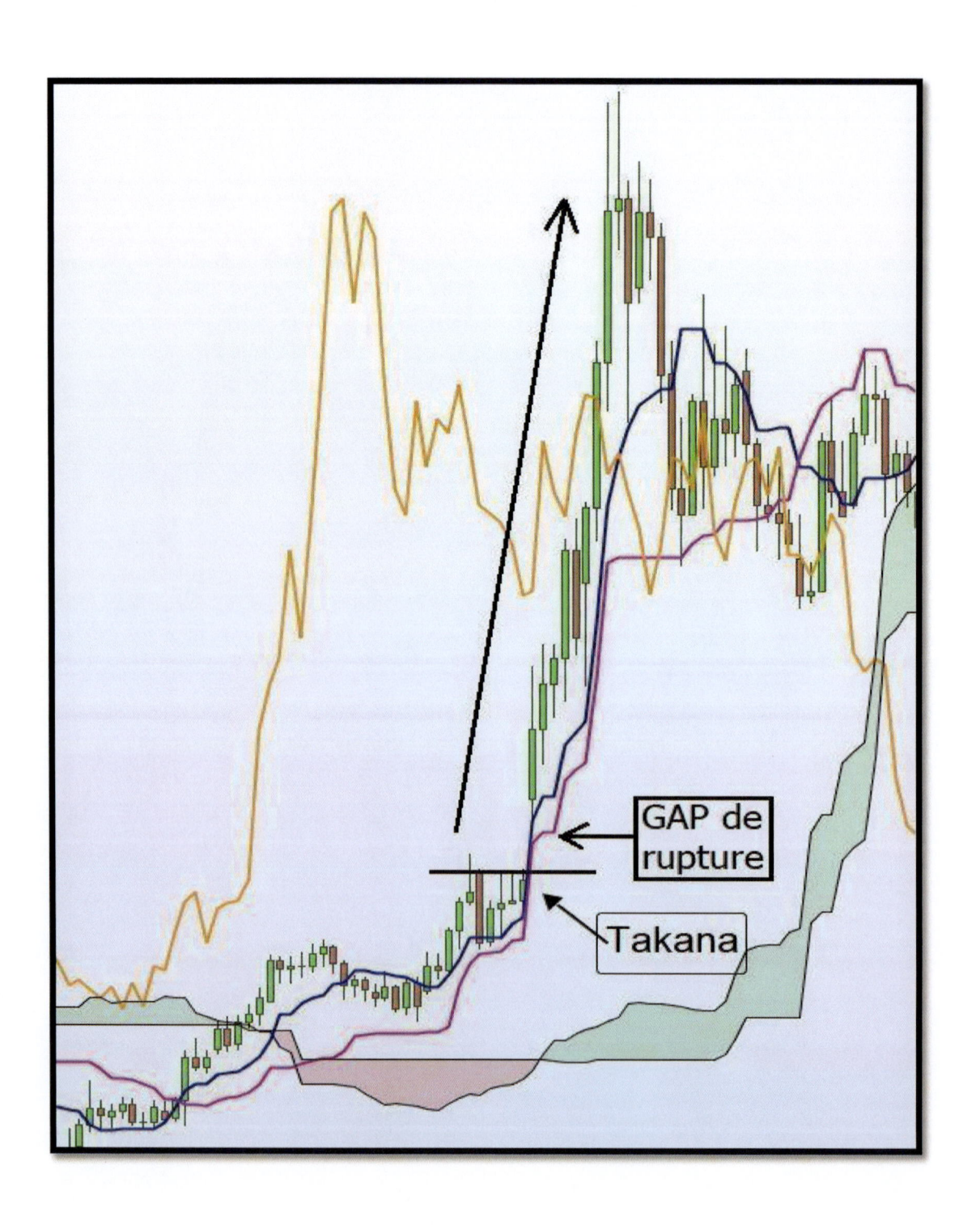

Le troisième exemple vous montre comment trader deux vagues dans une tendance haussière : la première sur un pull-back après une cassure, la deuxième après une consolidation en range.

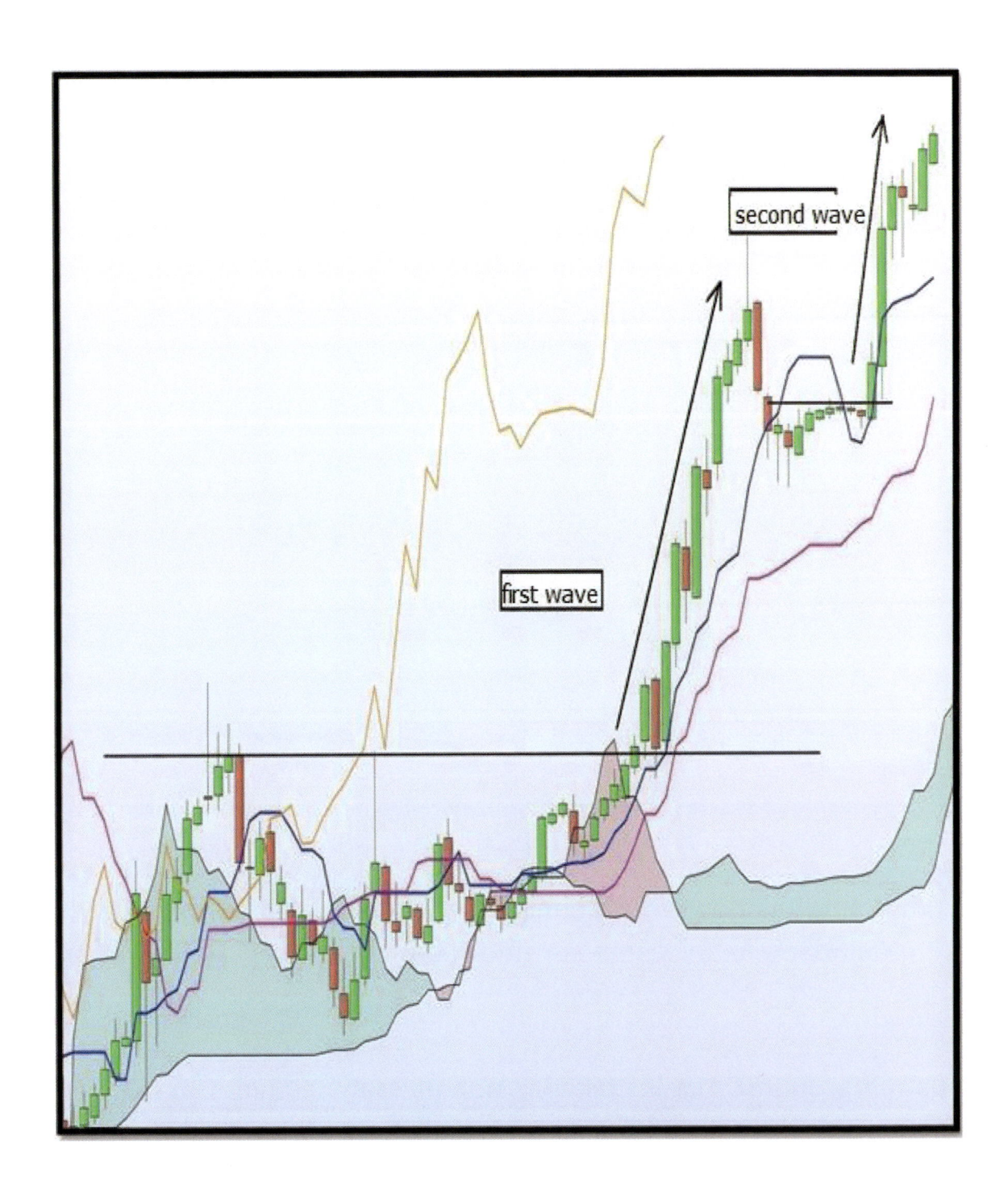

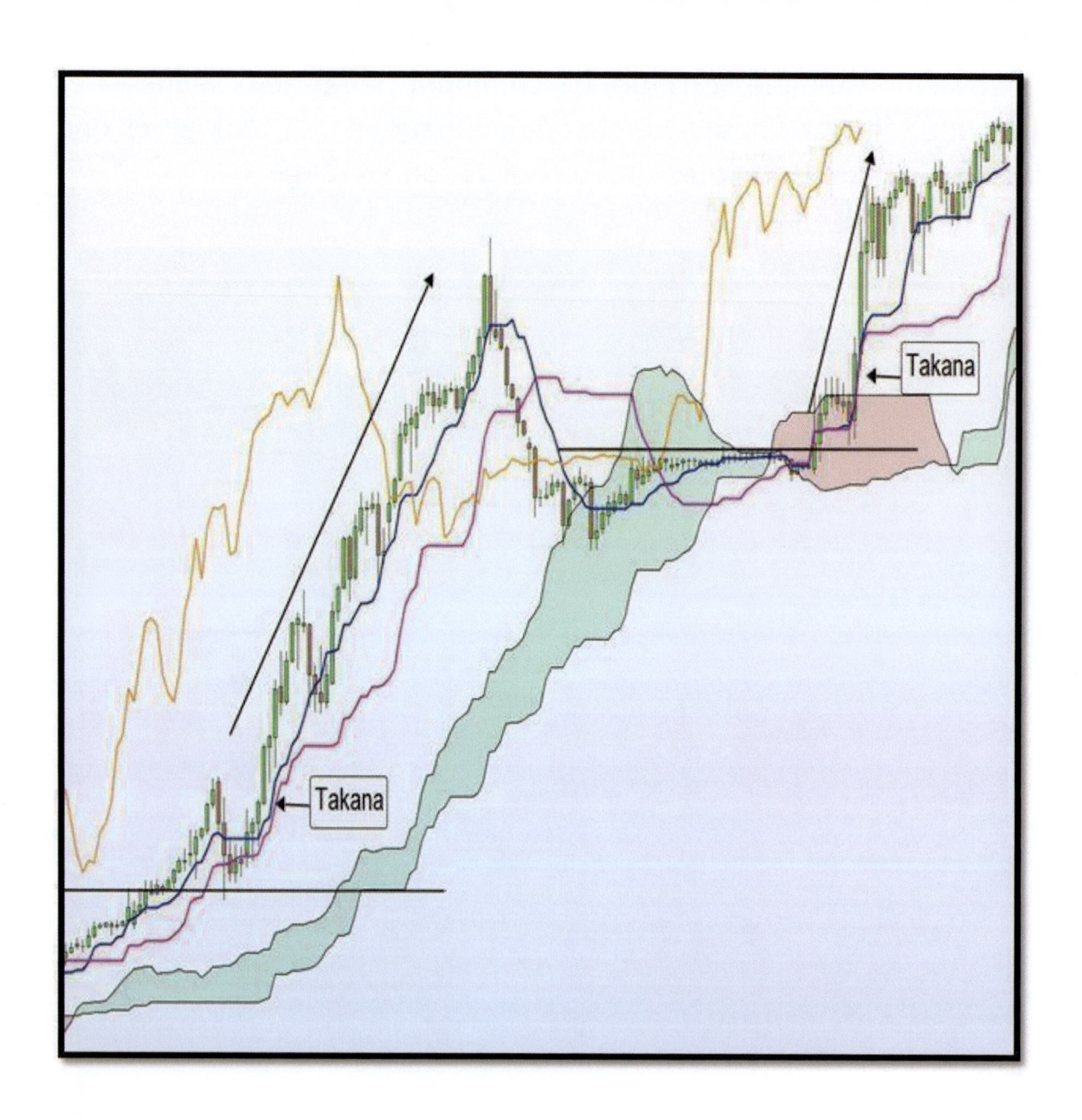

Le timeframe inférieur vous donne les signaux d'achat : le premier sur un pull-back, le deuxième sur une cassure.

Vous remarquerez que les takanas apparaissent souvent après une cassure. Ce n'est pas un hasard, car les **takanas** vont confirmer une accélération des prix, ce sont de **puissant signaux de trading** qui vousdonneront un avantage sur le marché. De plus, si vous les combinez sur deux timeframes, alors vous renforcez la probabilité de réussir le trade.

Le dernier exemple va vous montrer comment utiliser le timeframe inférieur pour attraper une seconde vague. Dans le timeframe supérieur, il y a une première vague de baisse, suivie d'une seconde vague après un pull-back en dessous du nuage ; c'est la seconde vague qui nous intéresse.

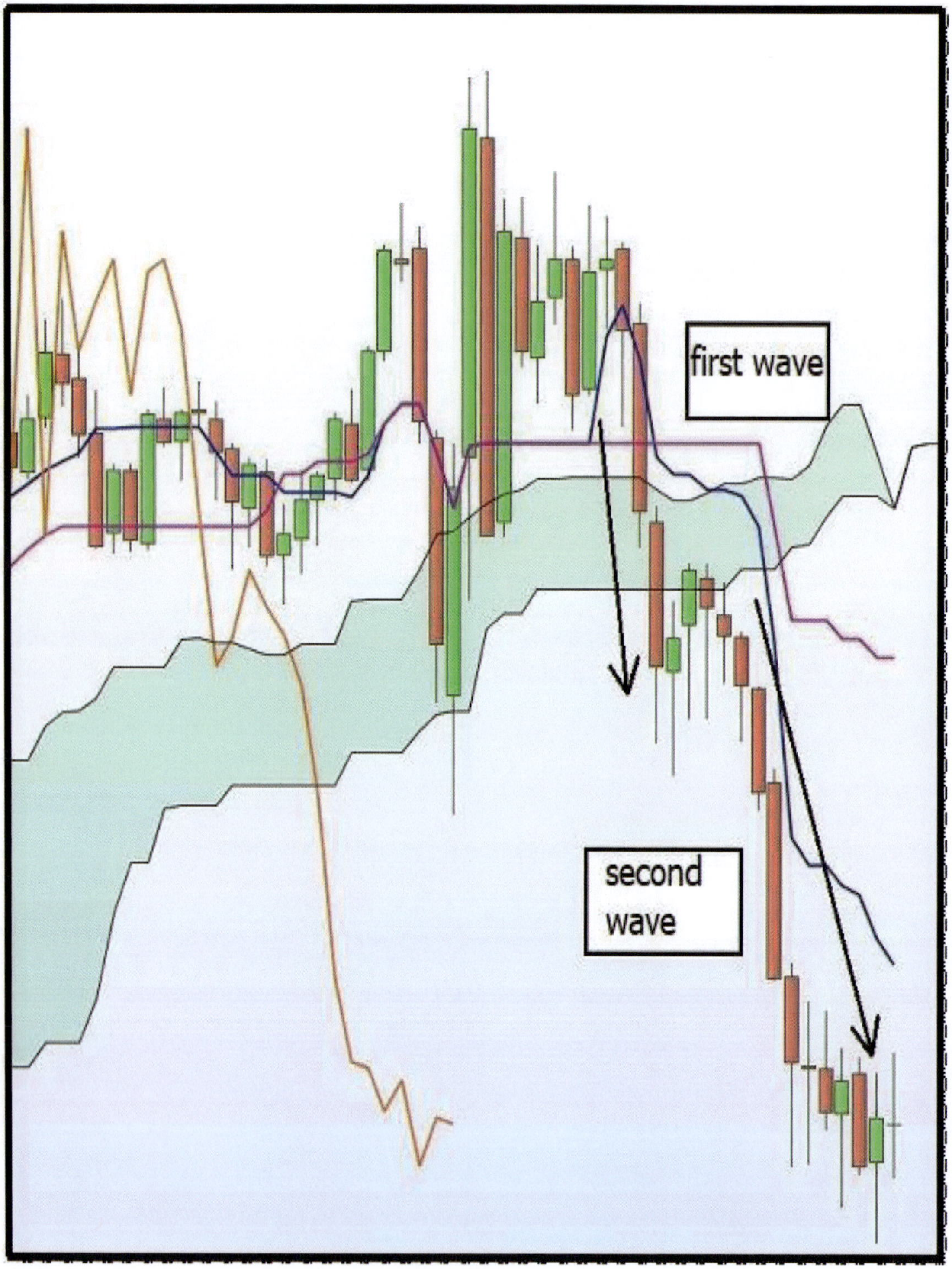
first wave
second
wave

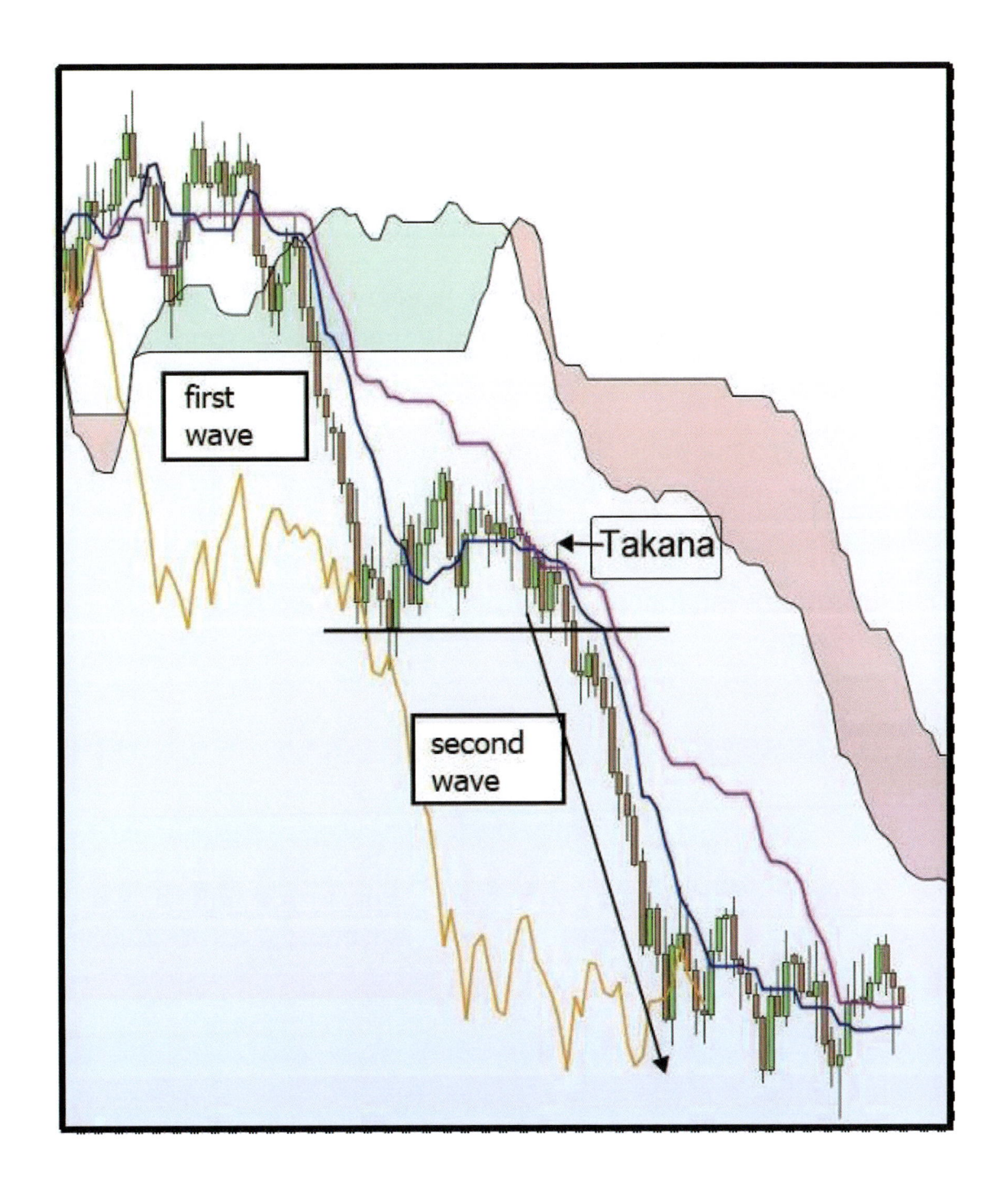

Le timeframe inférieur est parfait pour le timing puisque nous voyons un takana confirmer la seconde vague ; le signal de vente se fera sur un nouveau plus bas.

Ce qu'il faut retenir :

Le multi timeframe est **une sorte de filtre qui élimine les fauxsignaux**.

Le but de cette technique est de **trader la vague** sur le timeframe inférieur, le timeframe supérieur donne la tendance de fond.

Les meilleurs signaux sont **des cassures de range, sur des résistances horizontales ou obliques et après un pull-back sur le nuage** (seconde vague).

Le multi timeframe ne fonctionnera pas dans un marché sans direction (range).

Comment sécuriser un trade et multiplier les gains

Vous savez que le money management est primordial dans la gestion d'un compte trading. Votre système de trading aura beau être brillant, **sans un money management efficace, votre capital fondra comme neige au soleil.**

L'indicateur ichimoku Kinkō Hyō peut à lui seul représenter un système de money management efficace, mais je dois être clair avec vous : **cela dépendra de votre équilibre émotionnel.** Si vous n'êtes pas capable de suivre votre plan de trading, vous serez éternellement perdant.

Les bons traders ne sont pas ceux qui ont le meilleur système de trading, bien au contraire, mais bien **ceux qui sont les plus équilibrés émotionnellement.**

Contrôler ses émotions est important pour tenir votre **plan de trading** et faire progresser votre capital.

En Voici les règles :

Toujours utiliser un stop loss - un stop ne se met pas au hasard, mais heureusement une **technique ichimoku permet de parfaitement déterminer où le placer** -. Vous allez me dire « oui, mais moi je suis devant mon écran ».

Si vous décidez de placer un stop mental, **c'est à vos risques et périls, car un imprévu peut arriver à tout moment.** Une news inattendue, **un trading à haute fréquence** peut laminer votre capital en quelques minutes et ruiner des mois de labeur.

Imaginez que vous preniez position et que dans un premier temps tout se passe bien, vous êtes détendu et puis tout à coup, **les prix se retournent brutalement. C'est l'effet de surprise, sous le choc vous êtes paralysé et incapable de réagir.**

Heureusement, **vous avez placé votre stop qui a joué son rôle de filet de sécurité**, ouf ! Vous avez évité le pire.

Une fois que vous avez déterminé où doit être placé votre stop, il est nécessaire d'adapter **la taille de votre position en fonction de votre capital**, c'est-à-dire déterminer le pourcentage maximal de perte que vous vous autorisez par rapport à votre capital.

La règle est que vous ne devez pas risquer plus de 1 % de votre capital par trade.

Exemple : pour un capital de 10 000 euros :

1 % de 10 000 euros = 100 euros (100 euros est donc la perte maximale autorisée par trade).

Autre exemple avec un contrat CFD :

1 contrat standard de 10 euros par points ou pips = 10 points ou

10 pips.

1 mini contrat de 1 euro par point ou pip ou 100 points ou pips soit 10 000 x 1 % = 100 euros.

Si vous appliquez la règle des 1 %, jamais vous ne serez ruiné, **il vous faudra 50 trades perdants pour perdre la moitié de votre capital**. Autant dire qu'il faudra que vous soyez un trader très malchanceux pour vous retrouver en slip.

L'autre avantage des 1 %, c'est que **votre mental sera psychologiquement impacté**. Il vous sera d'autant plus facile de respecter votre plan de trading. Si le trade ne se passe pas comme prévu, vous passerez plus facilement à autre chose.

Le ratio gain / perte

Vous savez maintenant que pour ne pas finir en slip, vous devez ne pas risquer plus de 1 % de votre capital. Votre priorité doit être la survie de votre capital. Mais pour que celui-ci progresse, **il faut que les gains soient supérieurs aux pertes.**

C'est pour cela que vous devez trouver un bon ratio gain / perte, c'est-à-dire **une opportunité de trading avec du potentiel**. Pour cela, vous devrez faire preuve de patience, car comme le dit une citation de **Jesse Livermor :**

« Ce n'est pas en réfléchissant que l'on gagne de l'argent mais en attendant patiemment »

Il est inutile de trader aux premiers signaux, cela vous entraînera dans un cercle vicieux, où vous vous sentirez obligé de trader juste pour passer le temps. Votre courtier sera heureux de vous avoir comme client et vous dégusterez une soupe à la grimace avec les frais.

Si à chaque fois vous allumez votre écran en vous sentant obligé de trader, alors vous courez à la ruine. **Vous devez faire preuve de patience et attendre qu'une bonne opportunité se présente à vous.**

Avant d'entrer en position, il vous faut regarder si votre objectif de gain **est au moins deux fois supérieur au stop**. Si oui, vous avez le feu vert, sinon abstenez-vous.

Si vous procédez ainsi, vous réduirez la quantité de signaux viables qui vont davantage solliciter votre patience (biais psychologique), **mais à la longue vous serez gagnant en prenant ces bonnes habitudes.**

Voyons maintenant comment procéder :

Ce n'est pas bien compliqué, le graphe montre un plan de trading : la tendance est neutre les prix stagnent dans un range. Le plan consiste à passer en vente quand les prix auront cassé la résistance, le stop sera placé au-dessus de la résistance et respectera la règle des 1 %.

Ensuite, il reste à évaluer le gain potentiel. Les deux droites horizontales tracées sous le plat du nuage représentent ces gains potentiels. Pour que votre portefeuille progresse, il faut que le gain soit deux fois supérieur à la perte, c'est-à-dire au niveau du deuxième objectif.

Bien sûr, souvenez-vous toujours que les objectifs sont faits pour ne pas être atteints, inutile de vous discipliner en vous disant « je clôturerai ma position quand j'aurai atteint le second objectif ».

Et le stop dans tout ça ?

Votre stop va dans un premier temps **servir de filet de sécurité pour limiter vos pertes**. Si le trade va en votre faveur, alors vous allez descendre votre stop plus bas afin de sécuriser le trade, puis le redescendre une fois que l'objectif 1 a été atteint, puis le redescendre quand les prix auront dépassé l'objectif deux, jusqu'à ce que la tendance soit épuisée.

Le trading stop avec la Kijun

Le trading stop consiste à remonter le stop quand les prix franchissent de nouveaux paliers, de cette façon le trade est sécurisé dans les systèmes classiques. Le stop se place sous le dernier plus bas ou plus haut en fonction de la tendance.

Dans le **système ichimoku,** le stop peut être remonté sous la **Kijun** et si le prix accélère, alors c'est le **Tenkan** qui prendra le relais comme dans cet exemple ci-dessous :

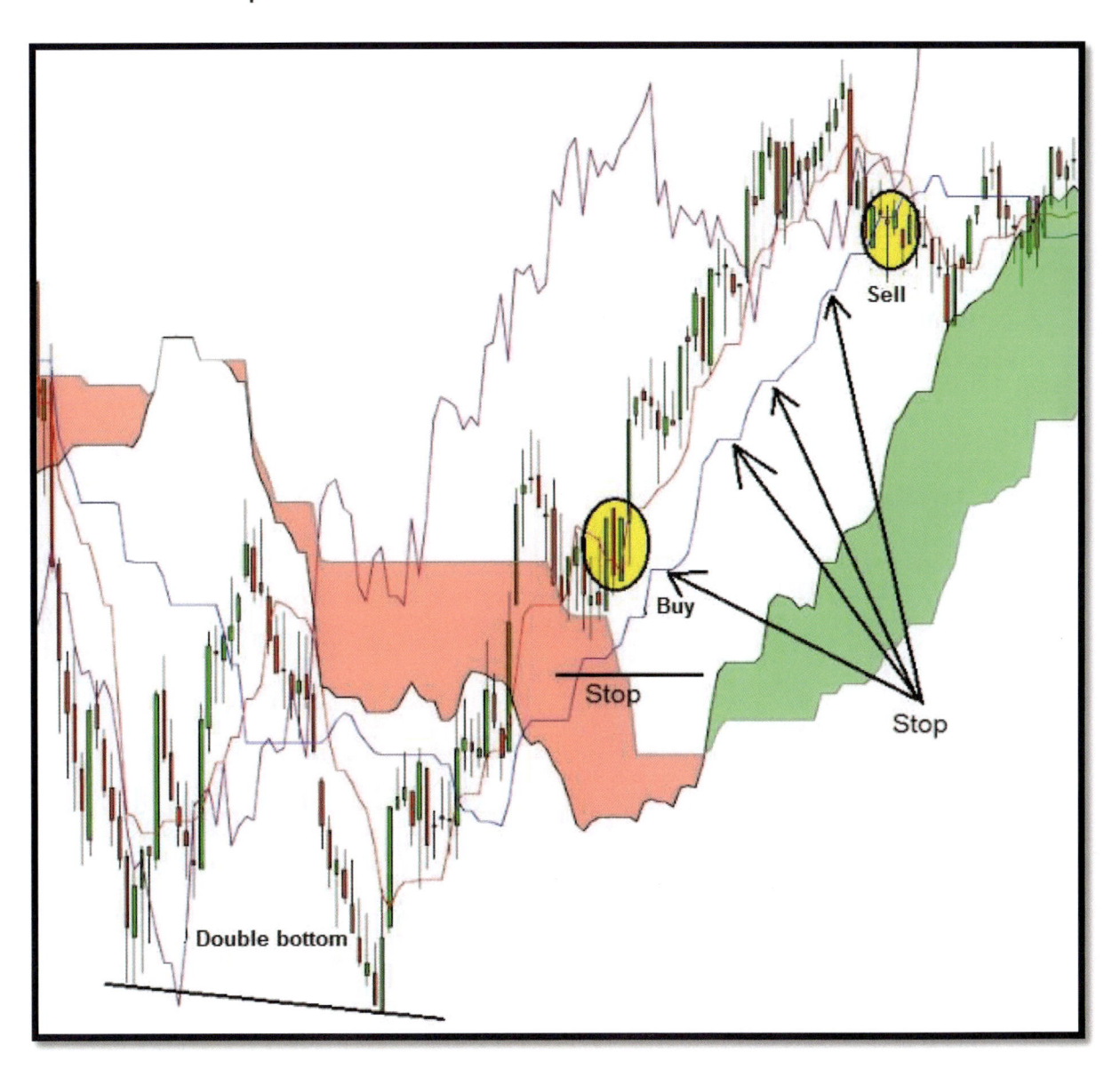

Après un rallye baissier, les prix forment un double creux puis rebondissent. La polarité change de camp, ce sont les acheteurs qui reviennent en force, les prix font un pull-back sur le nuage.

Prix en dessous du nuage, croisement **Tenkan-Kijun** en dessous du nuage, **Chikou** au-dessus du nuage, nous avons un signal fort montré par les deux bougies vertes, c'est le signal idéal pour prendre position.

Pour sécuriser le trade, on remonte le stop sous le plat de la **Kijun** jusqu'à ce que la tendance soit épuisée.

Ce qu'il faut retenir

Aucun système de trading ne peut être efficace sans un money management structuré.

En respectant la règle des 1 %, vous ne serez jamais ruiné et vous pourrez facilement respecter votre plan de trading.

L'espérance de gain doit être deux fois supérieure à la perte si vous voulez faire progresser votre capital.

Ne vous entêtez pas sur les objectifs, ils représentent simplement l'espérance de gain.

Le trading stop peut s'appliquer sur le plat de la Kijun et du Tenkan.

Conclusion

Si vous avez **bien appliqué tout ce que vous avez appris dans ce livre**, vous avez déjà pu mettre en place un système de trading pour obtenir vos premiers résultats.

N'oubliez pas que **le succès du trader est avant tout son mental** et un système qui lui permette de trader sans stress et sans émotion négative.

Le reste est une question **de travail et de persévérance,** qui sont le fruit de tout trader rentable.

Si vous appliquez ces principes, vous ne pourrez que réussir.

À propos de l'auteur

Virgile Bouteiller découvre la bourse en 2005, très vite la bourse devient une passion dévorante. Après des débuts chaotiques dus à une trop grande dispersion sur différents actifs, Virgile décide de repartir à zéro enanalysant ses erreurs et en se concentrant sur les actions, la crise
grecque et la crise de l'euro l'aide à rapidement remonter ses pertes, en achetant les actions au plus bas des marchés.

Il créé ensuite un blog du nom de **ARTDUTRADING** ou il partage son expérience en bourse. Fort de son expérience sur les actions, il s'intéresse au **scalping**, à **l'ichimoku** et au **forex** puis développe des stratégies de trading. Pour Virgile, la réussite en trading consiste à manger du graphe comme un étudiant et noter ses meilleurs trades pour les reproduire ensuite. Etre un trader rentable c'est reproduire ce que l'on sait faire de mieux.

BONUS

Vous-êtes aimé le livre, vous l'avez étudié et mis en pratique ?

Si oui, alors félicitation je vous offre un code promo qui vous donne droit à une réduction de **100,00 euros** valable sur la formations :

ICHIMOKU LES TECHNIQUES QUI MARCHENT

Comment gagner gros quand les autres se font laminer

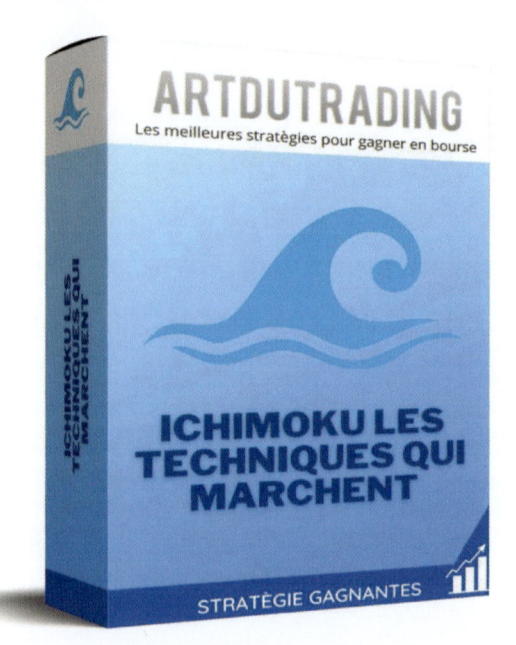

https://artdutrading.blogspot.com/p/pour-trader-avec-lichimoku-ichimoku-les.html

Entrer le code promo "**tenkan**" pour activé la réduction

À votre succès

Virgile Bouteiller

Créations du même auteur

Disponible sur Amazon.fr

Comment je fais 90% de trades gagnants avec les FIGURES HARMONIQUES

INVESTIR EN BOURSE – Mes secrets pour trouver une pépite en un week-end

Printed in Great Britain
by Amazon